Carl Cederström
Die Phantasie vom Glück

Carl Cederström ist Assistenzprofessor für Organisationstheorie an der Stockholm Business School. Er schreibt u.a. für *The New York Times, The Guardian* und *The Atlantic*. Auf Deutsch erschien zusammen mit Peter Fleming: »Dead Man Working. Die schöne neue Welt der toten Arbeit«, Berlin 2013. Zusammen mit André Spicer: »Das Wellness Syndrom. Die Glücksdoktrin und der perfekte Mensch«, Berlin 2016, und »Auf der Suche nach dem perfekten Ich. Ein Jahr in der Optimierungsindustrie«, Berlin 2018.

Titel der Originalausgabe: »The Happiness Fantasy«, Polity Press, Cambridge 2018.

Edition
TIAMAT
Deutsche Erstveröffentlichung
1. Auflage: Berlin 2019

www.edition-tiamat.de
Druck: cpi books
Buchcovergestaltung: Felder Kölnberlin Grafikdesign
ISBN: 978-3-89320-242-3

Carl Cederström

Die Phantasie vom Glück

Aus dem Englischen von
Norbert Hofmann

Critica
Diabolis
263

Edition
TIAMAT

Inhalt

Einführung

»Richter: Ja, was wollt ihr denn tun?
Heavenly Blues: Nun, wir wollen frei sein. Frei, um zu tun, was wir tun wollen.«

The Wild Angels (1966)

Die Glücksphantasie – ein Nachruf

Als ein Ausdruck dessen, was wir uns wünschen und wonach wir uns sehnen, ist die Glücksphantasie eine gemeinsame Phantasie des guten Lebens. Wie alle Phantasien enthält sie eine Reihe von moralischen Werten, die als eine Art Fahrplan zum glücklichen Leben dient. Das Wesen dieser Phantasien ändert sich mit der Zeit und dem Ort. Den alten Griechen galt ein ruhiges Leben der Kontemplation als das ultimative Glück. Doch dorthin zu gelangen, war nicht einfach. Man musste sich über sich selbst erheben, aus der gewöhnlichen Bedingung des Menschseins ausbrechen und eine lange Liste tugendhafter Fähigkeiten kultivieren.

Die Glücksphantasie, mit der ich mich hier befasse, ist die Phantasie, die den reichen Westen fast ein Jahrhundert lang beherrscht hat. Es ist eine Phantasie der Selbstverwirklichung, nach der es nur einen Weg gibt, um glücklich zu werden, und zwar indem man sein ganzes Potential als Mensch ausschöpft. Man soll im Geist der Authentizität leben, ist also dazu aufgefordert, sein *eigenes* Selbst zu leben und nicht das eines anderen. Das Glück zeigt sich in Gestalt der Lust, wobei die elementarsten Alltagsaktivitäten Momente potentieller Freude werden. Und es besteht darin, sich dem Markt zu unterwerfen und hart daran zu arbeiten, seine Marke zu entwickeln und gegenüber anderen einen Wettbewerbsvorteil zu erlangen.

Kurzum, es ist eine Phantasie, die auf die Verwirklichung des wahren inneren Potentials sowohl als Mensch als auch als Marktressource ausgerichtet ist. Diese Glücksphantasie tauchte als Idee in den 1920er Jahren auf, erreichte ihren Höhepunkt in den 1960er Jahren und kam zu ihrem definitiven Ende in den Morgenstunden des 9. November 2016.

Kurz vor 3 Uhr morgens kam Donald Trump im Hilton Ballsaal in Manhattan zum Soundtrack der Air Force One von der Bühnenseite langsam die Treppe hinunter, hielt beide Daumen hoch und sprach zu den jubelnden Anhängern:

> »Gemeinsam werden wir mit der dringenden Aufgabe beginnen, unsere Nation wieder aufzubauen und den amerikanischen Traum zu erneuern. Ich habe mein ganzes Leben als Geschäftsmann verbracht und bei Projekten und Menschen nach dem ungenutzten Potential geschaut.«

Auf meinem Weg zur Universität an jenem Morgen dröhnten diese beiden Worte unaufhörlich in meinen Ohren: *ungenutztes Potential*. Sie hatten mich schon eine

Weile beschäftigt. Ich hatte in einer meiner Vorlesungen über die »Human Potential Movement« gesprochen und Clips von Schulungsseminaren aus den 1960er Jahren gezeigt, wo Menschen mit Schreien und Brüllen Schichten ihres inauthentischen Selbst abzustreifen und ihr wahres Potential zu entdecken versuchten.

Diese Szenen stammten aus dem Esalen Institute in Kalifornien, das 1962 gegründet wurde. Während der sechziger Jahre war Esalen *der* Ort für Menschen, die ihr inneres Wesen erkunden wollten. Psychedelische Drogen und östlicher Mystizismus wurden mit moderner Psychologie kombiniert, um neue Wege zur Erweiterung des Selbst auszutesten. Das Thema der ersten Saison lautete »menschliche Potentialität«, eine Idee, die einem der Organisatoren bei einem Vortrag von Aldous Huxley einige Jahr zuvor gekommen war. Huxley hatte die Notwendigkeit betont, die Tatsache anzuerkennen, dass alle Menschen verschieden sind, und Wege zur Verwirklichung der Potentiale aller Menschen zu finden.[1]

Im Gegensatz zu Huxley war Trump nie an menschlichen Unterschieden interessiert. Seine Frauen sehen gleich aus und die Männer um ihn auch. Er teilt nicht das antiautoritäre Ethos des Human Potential Movement, sondern spricht und handelt wie ein Autokrat. In dem Jahr, das seit seinem Amtsantritt vergangen ist, versuchte Trump, ein Einreiseverbot für Menschen aus vorwiegend muslimischen Ländern zu verhängen, schränkte die LGBT-Rechte ein und unterstützte offen weiße Suprematisten.

In meiner Lesart spiegelt die Idee der menschlichen Potentialität nicht bloß eine Version des amerikanischen Traums wider, sondern auch eine Glücksvision, eine Vision, die sich im letzten Jahrhundert über die westliche Welt verbreitet hat und die optimistisch suggeriert, dass jeder Kontrolle über sein Leben erlangen und sein inneres Potential verwirklichen kann. Meine These lautet, dass es sich dabei um eine *Phantasie* handelt. Aber wenn ich Phantasie sage, meine ich nicht, dass diese Version des Glücks unwirklich ist. Im Gegenteil. Diese Phantasie ist sehr real, denn sie hat Emotionen der Menschen mobilisiert und infolgedessen die Art und Weise beeinflusst, wie sie sich das gute Leben vorstellen.

Die Glücksphantasie wurde in den Gegenkulturen der sechziger Jahre sehr populär. Sie träumte von einer anderen Welt und richtete sich gegen eine Gesellschaft, die auf konservativen Werten, Vermögensakkumulation, Herrschaft und Gewalt beruhte. Ein halbes Jahrhundert später hat diese Phantasie eine völlig andere Gestalt angenommen. Sie bildet keine Alternative zum Kapitalismus mehr, sondern einen integrierten Teil davon. Sie steht nicht mehr in Opposition zur Herrschaft, sie ist ein Teil der Herrschaft.

»Wir sahen sie nicht wirklich kommen, die neue Welt des rabiaten Individualismus und der Heiligkeit des Profits«, schrieb Jenny Diski in ihrem Buch *The Sixties*.[2] Die sechziger Jahre waren eine Zeit »des Strebens nach Individualität und eines heftigen Verlangens, gegen die tote Mitte des zwanzigsten Jahrhunderts zu rebellieren«.[3] Und dann kamen, ohne dass Diski und ihre Freunde es sahen, Margaret Thatcher und Ronald Reagan, stahlen ihre Lieblingswörter – »liberty, permission, freedom« – und verdrehten ihre Bedeutung so, dass sie in ihre rechte politische Agenda passten.

Es dauerte noch eine Zeitlang, bis die Rebellen genau verstanden, *wie* sehr sich der Sinn dieser Wörter nun verändert hatte. Als ich Trump an jenem Morgen über menschliche Potentialität reden hörte, mehr als fünfzig Jahre, nachdem dieser Begriff zuerst von Huxley geprägt worden war, konnte ich mich des Gedankens nicht erwehren, dass diese Phantasie nun offiziell tot und begraben war.

In diesem Sinne ist das Buch ein Nachruf.

Glück – eine Moralphantasie

Wenn wir über Glück sprechen, scheinen wir über Phantasien zu sprechen, genauer gesagt über moralistische Phantasien, die eine Vorlage für das gute Leben liefern. Diese Behauptung mag befremdlich klingen, wenn sie sich auf konzeptuelle Aussagen über das, was Glück ist oder nicht ist, bezieht. Aber sie ergibt mehr Sinn, wenn wir Glück historisch betrachten. Dann wird klar, dass was auch immer wir im reichen Westen heutzutage für ein glückliches Leben halten, sich völlig von dem unterscheidet, was darüber in der Vergangenheit gedacht wurde.

In seinem Buch *Happiness: A History* schildert der Historiker Darrin M. McMahon, wie der Begriff im Laufe der Zeit entwickelt und angenommen wurde, wobei seine Darstellung wie so viele zu dem Thema bis zur Geburt der westlichen Zivilisation im antiken Griechenland zurückgeht.[4]

Für Aristoteles, einer der ersten, der dem Gegenstand besondere Aufmerksamkeit widmete, bedeutete Glück vor allem, ein guter Mensch zu sein. Das gelungene Leben, das die Griechen *eudaimonia* nannten, wurde ethisch gelebt, ließ sich von der Vernunft leiten und konzentrierte sich auf die Entfaltung der Tugenden. Die Epikureer dagegen verbanden Glück mit Lust. Sie argumentierten, dass ein gutes Leben dem gewidmet sein sollte, was auch immer Lust bereitete. Sie waren jedoch keine Hedonisten, lehrten vielmehr eine strikte Zügelung des Begehrens. Um glücklich zu sein, sagte Epikur, brauche er nicht mehr als einen Gerstenkuchen und einen Krug Wasser.

Die Stoiker schrieben der Lust keinen besonderen Stellenwert zu; für sie hatte jeder Mensch die Fähigkeit, glücklich zu sein, ganz gleich, wie mühsam und entmutigend die Lebensumstände auch sein mochten. Das Christentum mied Genuss und Vergnügen überhaupt und betrachtete den Schmerz als einen zweckmäßigeren Weg, wenn auch nicht zu einem glücklichen Leben, dann doch zu einer Art göttlicher Vereinigung im Jenseits. Dieser ersehnte Zustand konnte nicht im irdischen Leben erreicht werden, sondern nur als ein Geschenk von Gott im Himmel.

Die Renaissance holte das Glück vom Himmel zurück auf die Erde. Aber erst mit der Aufklärung wurde es ein Recht – etwas, das zu verfolgen und zu erlangen jeder Mensch fähig war. Als Thomas Jefferson in die Unabhängigkeitserklärung hineinschrieb, dass das Streben nach Glück ein unveränderliches Recht ist, wollte er nicht nur sagen, dass jeder Mensch dem Vergnügen nachjagen, sondern auch das Recht haben sollte, Eigentum zu erwerben und zu besitzen. Was wir heute im reichen Westen schätzen, hat eine ganz eigene Note. Im Gegensatz zur Botschaft des Christentums, der gemäß wir uns selbst aufgeben, um die göttliche Vereinigung zu erlangen, werden wir nun aufgefordert, uns mit dem eigenen Selbst zu vereinigen. Um glücklich zu sein in einer Zeit, da Authentizität und Narzissmus hochgeschätzt werden, müssen wir unser wahres inneres Selbst ausdrücken, in Berührung mit unseren tiefen Gefühlen kommen und dem Weg folgen, den wir uns selbst gewählt haben.

Wir sind also weit entfernt von den asketischen Epikureern. In der heutigen hedonistischen Konsumkultur verlangen wir nach mehr als Gerstenkuchen und Wasser. Um glücklich zu werden, lautet die Aufforderung nun, unser Vergnügen zu optimieren, sei es durch Essen, Partys, Entspannung oder Sex.

Und anders als die arbeitsscheuen Griechen der Antike sollen wir Glück durch Arbeit und Produktivsein finden. Wir haben unseren Marktwert zu steigern, uns wie eine Firma zu managen und nach einem unternehmerischen Ethos zu leben. Wenn keine Sünde größer ist als die, arbeitslos zu sein, und kein Laster mehr verachtet wird als Faulheit, dann kommt das Glück nur zu denen, die hart arbeiten, die richtige Einstellung haben und sich um Selbstverbesserung bemühen.

Dies sind einige der moralischen Werte, die heute Glück untermauern: Sei echt, hab Spaß, sei produktiv – und am wichtigsten, verlass dich nicht auf andere Menschen, um diese Ziele zu erreichen, weil dein Schicksal allein in deinen eigenen Händen liegt. Dies ist eine populäre Botschaft, und das schon seit einiger Zeit. Sie wird den Arbeitslosen und Armen eingehämmert, die glauben sollen, dass ihre unglücklichen Umstände Symptome ihrer mangelhaften Einstellungen und ihrer Unfähigkeit sind, Verantwortung für ihr Leben zu übernehmen. Immer wieder werden sie daran erinnert, dass sie sich nicht genug anstrengen.

Was wurde aus dem Versprechen der sechziger Jahre?

Diese moralischen Werte hatten im zwanzigsten Jahrhundert einen tiefgreifenden Einfluss auf die westliche Kultur. Sie haben die Art und Weise geformt, wie wir über Glück denken – und folglich auch, wie wir unser Leben führen. Als in den 1950er und 1960er Jahren Selbstverwirklichung als eine wünschenswerte Vorstellung erschien, war ihre Anziehungskraft leicht verständlich. Vorbei waren die trübsinnigen Zeiten freudschen Unglücklichseins.

Endlich fühlten sich die Menschen nicht mehr verpflichtet, sich der Zumutung irgendeiner Idee, wie sie leben sollten, zu fügen. Beständigkeit und Langeweile konnten gegen Mobilität und Abenteuer eingetauscht werden; das zeigte sich etwa in dem Film *The Wild Angels* von 1966, als der rebellische Biker Heavenly Blues (gespielt von Peter Fonda) von einem Richter gefragt wird, was er und seine Bikergang tun wollen und er antwortet: »Nun, wir wollen frei sein. Frei, um zu tun, was wir tun wollen.« Dann fügt er im Namen seiner im Hintergrund jubelnden Freunde hinzu: »Und wir wollen high sein. Eine gute Zeit haben. Das ist es, was wir wollen. Wir werden Partys feiern.«

Die Lebensweise, die zuvor als unmoralisch galt, wurde in den 1960er Jahren weitgehend akzeptiert, wenn auch von vielen Konservativen noch mit Argwohn betrachtet wie in dem bekannten Fall jenes amerikanischen Reporters, der John Lennon und seine Frau Yoko Ono verspottete, als sie 1969 als Protest gegen den Vietnamkrieg zwei Wochen in einem Hotelbett verbrachten. Auf Lennons Behauptung, er spreche für jedermann, erwiderte der Reporter verächtlich: »Welche Rasse auch immer Sie vertreten, ich gehöre nicht dazu.«

Der Traum von Frieden und Glück, wie ihn Lennon und Ono in ihrem Bed-In inszenierten, bleibt ein eindringliches Bild der Revolution der sechziger Jahre, einer Zeit, die das Verlangen nach Authentizität und Sexualität in einem gemeinsamen Refrain des guten und friedlichen Lebens vereinigte.

Aber im Laufe des letzten halben Jahrhunderts ist es immer schwieriger geworden, diese Glücksphantasie aufrechtzuerhalten. Der Traum, das Leben zu verfolgen, das man will, im Gegensatz zu einem Leben, das entweder von den Eltern oder der Gemeinschaft vorbestimmt wird, ist immer eng verbunden gewesen mit dem Traum von Mobilität. Zugegeben, sich auf einen Weg zu einem authentischeren Leben zu machen, ist sehr schwer, wenn man nicht das falsche Leben, das man gegenwärtig führt, hinter sich lassen kann. Heutzutage haben nur wenige die finanziellen Ressourcen, sich fortzubewegen, sei es sozial oder geographisch. Laut einem Bericht aus dem Jahr 2015 glaubten Dreiviertel aller Amerikaner, dass der amerikanische Traum schwindet, was nicht überraschend ist, wenn man bedenkt, dass fast ein Drittel der amerikanischen Bevölkerung zwischen 2009 und 2011 für mindestens zwei Monate in Armut lebte. Angesichts von Armut scheint Stabilität wichtiger zu sein als Mobilität, wie eine Umfrage des Pew-Forschungszentrums 2015 ergab, wonach 92 Prozent aller Amerikaner Stabilität der Mobilität vorziehen.

Eine ähnliche Veränderung lässt sich in Bezug auf den Hedonismus feststellen. Sich dem Vergnügen und Genuss hinzugeben, war in der ersten Hälfte des zwanzigsten Jahrhunderts, als Sparsamkeit und Genügsamkeit moralisch gutgeheißen wurden, meist ein eher entmutigendes

Unterfangen. Aber in der Art von Konsumgesellschaft, in der wir heute leben, ist die Jagd nach Vergnügen die kulturelle Norm. Bereits 1976 bemerkte der amerikanische Soziologe Daniel Bell, dass Hedonismus – die Vorstellung von Lust als Lebensweise – sowohl die kulturelle als auch moralische Rechtfertigung des Kapitalismus ist.[5] Aber das heißt nicht, dass wir plötzlich ein angenehmeres Leben führen. Nach Ansicht des Kulturtheoretikers Mark Fisher ist das heutige Problem nicht unsere Unfähigkeit zu genießen, sondern unsere »Unfähigkeit, irgendetwas anderes außer dem eigenen Genießen zu verfolgen.«[6]

Es gibt also gute Gründe, den tiefverwurzelten Glauben infrage zu stellen, dass Arbeit der Weg zur Selbstverwirklichung ist, besonders jetzt unter den Bedingungen prekärer Arbeit, da viele Menschen nicht wissen, wann und von wo ihr nächster Lohn kommen wird. Aus dem Büro einen freundlicheren Ort zu machen, ist nicht an sich problematisch, wenn das bedeutet, dass auf die Bedürfnisse der Angestellten tatsächlich gehört wird. Falsch ist es auch nicht, dass die Menschen sinnvolle Jobs haben wollen, solange sie damit ihren Lebensunterhalt bestreiten können. Und es ist nicht notwendigerweise eine schlechte Sache, die Grenze zwischen Arbeit und Leben aufzuweichen, vorausgesetzt, man ist in der glücklichen Lage, das zu tun, was man will, wie es bei John Lennon der Fall war, der es ablehnte, Musik als Arbeit zu betrachten. Aber was wir heute, da Glücklichsein bei der Arbeit zum Zwang geworden ist, erfahren, ist etwas völlig anderes. Wenn sie Kunden begrüßen, hat das Servicepersonal ein authentisches Lächeln aufzusetzen. Oder man riskiert, seinen Job zu verlieren, wie es einer Angestellten der britischen Fast-Food-Kette Pret a Manger widerfuhr.[7] In einem Zeitalter des »Do What You Love« sollen Hochschulabsolventen dankbar für die Chance sein, für ein interessantes Unternehmen mit einem coolen Markennamen als Praktikanten zu arbeiten und oft genug lange Stunden sinnloser Arbeit ohne Bezahlung zu akzeptieren. In den meisten Fällen bedeutet das Verwischen der Grenze zwischen Arbeit und Leben nicht größere »Selbstverwirklichung«, sondern etwa E-Mails zu beantworten, selbst wenn der Arbeitstag längst zu Ende ist.

Wir wissen, dass das Niveau sozialer Mobilität in den USA und dem Vereinigtem Königreich erstaunlich niedrig ist. Und doch bleibt die wahnhafte Annahme, dass alle Menschen, ungeachtet ihrer Herkunft und Verhältnisse, ihr Leben durch die Macht positiven Denkens verändern können, immer noch eine weitverbreitete Überzeugung, die von vielen einflussreichen Politikern, darunter Donald Trump, gefördert wird.

Eine grausame und bedrohliche Doktrin

Die Glücksphantasie, die in den 60er Jahren in den USA blühte und die auf der optimistischen Vorstellung basierte, dass jeder Mensch sein inneres Potential verwirklichen könne, hat sich nun in eine grausame und bedrohliche Doktrin verwandelt, die strategisch eingesetzt wird, um die strukturellen Ungleichheiten im gegenwärtigen Kapitalismus aufrechtzuerhalten und zu normalisieren. Das heißt nicht, dass im »Zeitalter des Wassermanns« alles rosig war. Allein die Lektüre von Joan Didions Essay »Wo die Küsse niemals enden« sollte jedem derartigen Mythos den Garaus machen. Als sie im Spätfrühling 1967 nach San Francisco kommt, findet sie nicht »mutige Hoffnungen« und »ein nationales Versprechen«, sondern einen Ort in Auflösung. Jugendliche treiben von Stadt zu Stadt, Familien verschwinden, und eine Mutter gibt ihrer fünfjährigen Tochter Peyote und LSD.[8] Ein ähnlich dunkles Porträt der Hippie-Ära findet sich in einer neueren Fernsehdokumentation über die dänische Kommune Christiania; erzählt wird die Geschichte aus der Sicht der Kinder, die sich selbst überlassen blieben, während ihre Eltern mit ihrem spirituellen (oft zugedröhnten) Erwachen beschäftigt waren. Ich will die »Sixties« nicht romantisieren und behaupten, dass Phantasie und Realität perfekt übereinstimmten. Was mich hier interessiert, das ist die Transformation dieser Glücksphantasie. Wie können wir erklären, warum die Vorstellungen von individueller Freiheit und sexueller Befreiung, die in den sechziger Jahren als Protest gegen paternalistische Institutionen und kapitalistische Ausbeutung florierten, solch eine dramatische Verwandlung durchgemacht haben? Wie stark diese Werte damals auch gewesen sein mögen, inzwischen erscheinen sie neuverpackt als Unternehmensslogans und dienen dazu, Subjekten ihre eigene Ausbeutung schmackhaft zu machen.

Um zu veranschaulichen, was aus dieser Phantasie wurde, müssen wir nicht weitergehen als bis zu Donald Trump. Wenn jemand wie John Lennon den traumgleichen Charakter dieser Glücksphantasie symbolisierte, ein Mensch, der authentisch, sexuell befreit und in seiner kreativen Arbeit ungeheuer produktiv war, personifiziert Donald Trump den Alptraum, der die Phantasie heute kennzeichnet. Obwohl er sich in jeder Hinsicht von Lennon unterscheidet, verkörpert Trump dennoch die gleichen Eigenschaften. Er ist authentisch in dem Sinne, dass er sich seinen Weg bahnt, ohne viel darauf zu achten, was andere sagen oder denken. Er ist ein Produkt des Hedonismus und unternimmt keinerlei Anstrengung, seine

Vorliebe für junge Models und fettiges Fast Food zu verbergen. Und er ist ein selbsterklärter Workaholic, der damit prahlt, nicht mehr als vier Stunden pro Nacht zu schlafen.

Eine kurze Geschichte der Glücksphantasie

Wenn diese Glücksphantasie auch ihren Höhepunkt in den 1960er Jahren erreichte, geht die Geschichte doch weiter zurück. Sie beginnt mit dem österreichischen Psychoanalytiker Wilhelm Reich und seiner unkonventionellen Interpretation der Sexualtriebe, die einen starken Eindruck auf Freud machte, als die beiden Männer sich zum ersten Mal Anfang der zwanziger Jahre in Wien trafen.* Bald wurde Reich als das jüngste Mitglied in Freuds inneren Zirkel eingeführt. Doch schon wenige Jahre später, als Reichs Theorien und Praktiken eine eher exzentrische Wendung nahmen und sich seine Analytikerkollegen von ihm abwandten, wurde er an den Rand der Gemeinschaft gedrängt und schließlich nach wenigen weiteren Jahren der Kontroverse aus der Berliner und Wiener Psychoanalytischen Gesellschaft und aus der

* Dieser Abschnitt ist teilweise inspiriert von der dritten Folge aus Adam Curtis' Dokumentation *The Century of the Self*, in der er Wilhelm Reich und seinen Einfluss auf das Human Potential Movement und damit auch auf Werner Erhard darstellt. Wenn es auch einige Ähnlichkeiten in dem Narrativ zwischen Curtis' Dokumentation und diesem Buch gibt, ist mein Ansatz doch völlig anders. Während Curtis sich auf Konsumismus und Marketing konzentriert, geht es mir darum zu zeigen, wie Glück in die Kultur der Arbeit eingebunden wurde und dabei half, eine besondere Version neoliberaler Subjektivität, die sich auf Prekarität gründet, zu formen.

Internationalen Psychoanalytischen Vereinigung ausgeschlossen. Was Reich für dieses Buch interessant macht, ist, dass er eine ungewöhnliche, doch klare Vision von Glück entwickelte, in der er den moralistischen Imperativ, authentisch zu sein, mit dem Anspruch auf sexuelle Lust verband. Es war eine Phantasie vom Glück jenseits sexueller Unterdrückung. Genauer gesagt, es war eine ausgesprochen moralistische Phantasie, denn nach Reich bestimmte das, was er die volle Orgasmusfähigkeit nannte, ob man gesund war oder nicht. Jede Blockade deutete darauf hin, dass man krank war.

Reich war nicht der erste, der Glück mit Authentizität verband. Wir könnten an eine Reihe von Vorläufern denken, von Rousseau über die Jenaer Romantiker bis zu den amerikanischen Transzendentalisten wie Ralph Waldo Emerson und Henry David Thoreau. Auch war Reich nicht der erste, der Glück mit sexueller Lust verband. Schon der Marquis de Sade behauptete, dass Sexualität und Lust das Fundament für Glück und individuelle Freiheit bildeten. Aber Reich war der erste, der diese beiden Ideale zusammenbrachte und sie in Form einer Glücksphantasie (er nannte es »sexuelles Glück«) ausdrückte.

Wenige Jahre nach seinem Tod spielten Reichs Ideen eine zentrale Rolle in dem wachsenden Kreis kalifornischer Bohemiens und den gegenkulturellen Bewegungen, die sich damals zu formieren begannen. Gegen Ende der 1960er Jahre wurden Reichs Name und Ideen heraufbeschworen, wenn junge Menschen auf beiden Seiten des Atlantiks gegen das protestierten, was sie als repressiven Staatsapparat ansahen. Und als zu derselben Zeit die Trainingszentren für Selbsttransformation entstanden, beriefen sie sich auch auf Reichs Ideen.

Im Laufe der nächsten Jahrzehnte wurden diese Zentren ein wachsendes Massenphänomen, das Hunderttausende

Menschen in ganz Nordamerika und anderswo anzog. Die Glücksphantasie, die an diesen Orten verkauft wurde, war die Phantasie von sexueller und existentieller Befreiung, wie Reich sie wenige Jahrzehnte zuvor proklamiert hatte.

Der entscheidende Moment in dieser Geschichte, so meine These, ereignet sich in der Mitte der 1970er Jahre, als viele dieser Trainingszentren begannen, einen kommerzielleren Ansatz zu entwickeln. Menschen gingen zu diesen Orten und unterwarfen sich einer Vielfalt an experimentellen Techniken, ähnlich denen, die zu Beginn der 1960er Jahre angeboten wurden, aber nun hofften die Teilnehmer, besser und erfolgreicher in ihren Berufen zu werden. Etwa gleichzeitig nahm das Human Potential Movement mit ihrem ursprünglichen Fokus auf Selbsttransformation auch einen kommerziellen Charakter an. Selbstverwirklichung war nicht bloß ein Zweck an sich; sie war auch ein effektives Mittel, materiell reicher und beruflich erfolgreicher zu werden – kurzum eine Strategie, um sich dem Markt besser anzupassen. In den 1980er und 1990er Jahren, als die Unternehmen begannen, eine eigene Kultur zu entwickeln, suchten sie Inspiration bei dem Human Potential Movement. Sie realisierten rasch, dass dies eine neuartige Möglichkeit war, ihre Angestellten zu einem stärkeren Einsatz für die Arbeit zu bewegen, und so wurden mehr und mehr Schlagworte über menschliches Potential in die Unternehmenskultur eingefügt. Manche Konzerne verwendeten diese Ausdrücke sogar, wenn sie ihre Leitbilder formulierten.

Die Frage, die mich in diesem Buch beschäftigt, ist die, wie diese besondere Glücksphantasie, die ursprünglich als Protest gegen die Gesellschaft gedacht war, von den Unternehmenskulturen, der Mainstream-Psychotherapie und dem pharmazeutischen Diskurs vereinnahmt und integriert wurde. Wie können wir erklären, warum die Konzepte der Selbstverwirklichung und Selbstentwicklung, die einst Wohlstand und Überfluss vorauszusetzen schienen, noch heute, in einer von Prekarität und Austerität bestimmten Zeit, propagiert werden? Und schließlich, da die emphatische Glücksphantasie keine bedeutungsvolle Rolle mehr spielt, was sind die Alternativen?

Dies sind die Fragen, denen ich im Verlauf dieses Buches nachgehen werde. Ich beginne mit Wilhelm Reich, dem radikalen Psychoanalytiker, dessen Ideen einen tiefgreifenden Einfluss auf »die Sixties« und die Revolte gegen Tradition und konservative Werte, besonders in Hinsicht auf die sexuelle und persönliche Befreiung, haben sollten. Meine These lautet: Unsere heutige Glücksphantasie, die in einem starken Maße unseren Begriff vom guten Leben prägt, entstand im Werk von Reich. Ich werde dann das eigenartige Nachleben dieser Ideen betrachten, in dem sie von geschäftstüchtigen Selbsthilfegurus angeeignet und in Trainingsprogramme verwandelt wurden, wo Menschenmassen lernten, wie man persönliche Befreiung mit finanziellem Erfolg verknüpft. Der Schriftsteller Tom Wolfe bezeichnete dieses Zeitalter als die »Me Decade«, in der Selbstsucht und Narzissmus als moralische Werte gepriesen wurden. Meine These lautet, dass die Kultur des Narzissmus, die in den 1970er Jahren vorherrschte, sich von der narzisstischen Kultur, die wir heute haben, drastisch unterscheidet, insofern dass junge Menschen nun gezwungen sind, sich in Formen der Selbstvermarktung zu präsentieren. Sie sind nicht narzisstisch aus freien Stücken, sondern aus Notwendigkeit. Dann werde ich einen genaueren Blick auf Großunternehmen richten und wie sie sich in den 1970er Jahren einer neuen Kultur anpassten, in der Authentizität und Lust geschätzt wurden. Worte wie

Freiheit und Empowerment, die sich in den 1960er Jahren gegen den Kapitalismus richteten, begannen während dieser Zeit, in Managementreden einzusickern, die darauf abzielten, Konsumenten und Beschäftigte gleichermaßen anzusprechen. Das Ziel bestand darin, die Grenze zwischen Produktion und Konsumtion einerseits und dem Streben nach Glück andererseits zu beseitigen. Ab diesem Zeitpunkt stand die Glücksphantasie nicht mehr in Opposition zur Arbeit oder zum Kapitalismus im Allgemeinen, sondern war etwas, das durch Arbeit erreicht wurde. Eine ähnliche Veränderung findet sich im Gebrauch der Drogen. Waren sie in der Zeit der Revolte integraler Bestandteil der Glücksphantasie als ein Weg, die Welt zu vergrößern und neue Dimensionen des Geistes zu erkunden, sind Drogen heute ein Mittel, mit dem wir uns an die Anforderungen der Gesellschaft anpassen können. Mit Unterstützung der Psychiatrie und pharmazeutischen Konzerne helfen sie uns, Normalität zu erreichen und funktional, produktiv und stromlinienförmig zu werden. Zahllose Unternehmer im Silicon Valley experimentieren mit Ayahuasca und LSD, um kreativer zu werden. Große Teile der amerikanischen Collegestudenten schlucken Adderall und Modafinil, um ihre Produktivität zu steigern. Aber nicht alle Drogen vertragen sich leicht mit der Glücksphantasie. Angesichts der fortdauernden Opioid-Krise in den USA ist es schwer, eine Verbindung zwischen Drogen und Kreativität, Produktivität und Glück zu erkennen.

Im folgenden Kapitel werde ich dann den Hedonismus und die Aufforderung zum Genuss untersuchen, die untrennbar von dem moralischen Fundament des Konsumkapitalismus ist. Mit seinen Wurzeln im Epikureismus steht der Hedonismus für das Recht auf Lust, sei es als Konsum oder als Sex. Dieses Vorbild eines Rechts auf

Lust, das in den sechziger Jahre explodierte, erreichte seinen logischen Endpunkt, als Trump auf Band mit der Äußerung erwischt wurde, als Star könne man alles machen – »grab them by the pussy«.

Meine These in diesem Buch ist, dass die Glücksphantasie, die im letzten Jahrhundert unseren Begriff vom guten Leben formte, inzwischen ihre Anziehungskraft verloren hat. Sie dient nicht mehr dem Ziel der vielen, sondern nur noch dem der wenigen. Es geht nicht mehr darum, menschliche Potentialitäten zu erweitern, sondern darum, sie einzuengen.

Ich werde das Buch mit einer relativ optimistischen Bemerkung beschließen und vorschlagen, dass wir die Phantasie vom Glück neu interpretieren. Statt über Glück mit individualistischen und wahnhaften Begriffen nachzudenken, müssen wir es als einen gemeinsamen Kampf und eine Verpflichtung zur Wahrheit verstehen. Ich glaube, dass so etwas bereits geschieht. Während ich dies schreibe, findet eine Revolution statt; mutige Frauen kommen massenhaft zusammen, um ihre Erlebnisse und Erfahrungen mit sexuellem Missbrauch an die Öffentlichkeit zu bringen. Dadurch decken sie die fortdauernde strukturelle Gewalt auf, die keineswegs auf Gestalten wie Harvey Weinstein und Donald Trump beschränkt ist, sondern viele andere Männer einschließt, die tun durften, was sie tun wollten – im Namen eines »Rechts auf Begehren«. Dies ist eine Geschichte von Schmerz und Leid. Aber den Zerfall dieser Machtstrukturen zu erleben, macht auch Mut und ist vielleicht der Beginn von etwas Neuem. Möglicherweise können wir damit anfangen, neue Phantasien dessen, was wir für das gute Leben halten, zur Sprache zu bringen – Phantasien, die uns hinausführen aus der Sackgasse unserer gegenwärtigen Kultur, die auf dem Kult der authentischen Individualität, rücksichtlosem Wettbewerb und dem Befehl zum Vergnügen basiert.

Dies ist kein Buch über Glück an sich. Sein Gegenstand ist die Geschichte einer Idee. Oder die Geschichte einer Phantasie – eine Phantasie, die in den 1920er Jahren im Werk von Wilhelm Reich auftauchte, ihren Höhepunkt im Zeitgeist der »Sixties« erreichte, in den 1980er Jahren von der Konsumkultur und neoliberalen Politik absorbiert wurde und kürzlich starb, als Donald Trump sein Amt antrat. In seiner Antrittsrede bezog er sich unwissend auf Huxley und dessen Vision einer Welt der menschlichen Potentialität und eines tiefen Respekts vor menschlichen Unterschieden – eine Vision, die diametral dem entgegensetzt war, was nun Trump und seine Regierung propagieren.

Unter einer Decke mit Wilhelm Reich

»Ich weiß, wie sehr du dich gegen die Geradheit wehrst, welche Todesangst dich befällt, wenn du deinem wahren, echten Wesen folgen sollst … Ich will, dass du aufhörst, ein Untermensch zu sein, dass du »du selbst« wirst. Du selbst, sage ich! Nicht die Meinung der Zeitung, die du liest, nicht die Meinung des bösen Nachbarn, die du hörst, sondern ›du selbst‹.«

Wilhelm Reich, *Rede an den kleinen Mann*[1]

Begegnung mit Reich

Ich stieß zum ersten Mal auf den unglückseligen Psychoanalytiker Wilhelm Reich (1897-1957) in Adam Curtis' Dokumentation *The Century of the Self*. Oder so dachte ich zumindest. Ich sah den Film vor einigen Jahren, dann später nochmals und benutzte Clips in meinem Unterricht, um den dramatischen Wandel der amerikanischen Kultur in den 1960er Jahren zu veranschaulichen. Der Film enthält wunderbar evokative Szenen mit Menschen, die in schwach beleuchteten, mit weichen Matratzen ausgestatteten Seminarräumen kreischen und brüllen. In diesen Begegnungssitzungen wurden die Teilnehmer aufgefordert, die unauthentischen Schichten ihres Selbst abzuschälen. Der Glaube war, dass sie frei werden würden, wenn sie ihr inneres Selbst ausagierten. Obwohl Reich im Jahr 1957 starb, wenige Jahre bevor das Human Potential Movement losging, spielte er eine bedeutsame Rolle bei ihrem Entstehen. Er war ein wichtiger Vorläufer, eine spirituelle Inspiration. Wie all diese Bewegungen damals sah Reich die inneren Potentiale der Menschen optimistischer als die Organisation der Gesellschaft, die nach seiner Ansicht die Individuen unterdrückte und sie davon abhielt, die zu werden, die sie wirklich waren. Reichs Geschichte, wie sie in der Dokumentation erzählt wurde, war kurz, aber fesselnd: von einem viel gepriesenen Analytiker im Wien der 1920er Jahre zu einem dauerhaft Ausgestoßenen, in den 1930er Jahren nicht nur aus dem psychoanalytischen Establishment rausgeworfen, sondern auch aus mehreren Ländern (meist skandinavischen) und dann als alter und leicht verrückter Mann in den USA eingesperrt wurde, weil er seine selbstgebauten Organakkumulatoren anpries und verkaufte. Diese Erfindung bestand aus einem menschengroßen Holzkasten mit verzinktem Eisenblech im Inneren und war dazu gedacht, die orgastischen Fähigkeiten eines Menschen zu erhöhen. Die Box wurde später in Woody Allens Film *Der Schläfer* parodiert und verewigt.

Aber es stellte sich heraus, dass es nicht Curtis' Dokumentarfilm war, in dem ich Reich zum ersten Mal begegnete. Ich war mit ihm schon seit mehr als einem Jahrzehnt ziemlich vertraut – durch die Musik von Kate Bush und ihrem wunderbaren Song »Cloudbusting«, der auf ihrem Album *Hounds of Love* 1985 erschien. Als ich mir vor kurzem das Musikvideo anschaute, wurde mir klar, dass es in dem Song um Wilhelm Reich geht und sein tragisches Schicksal nachzeichnet. Das Video beginnt mit zwei sisyphosähnlichen Gestalten, gespielt von Donald Sutherland (als Reich) und Kate Bush (als Reichs Sohn), die ein verhülltes riesiges Objekt einen Hügel hochschieben. Sobald sie die Spitze erreicht haben, erschöpft und glücklich, enthüllen sie eine Metallkonstruktion mit Rädern und Handspeichen, die wie eine gewaltige Flugabwehrkanone aussieht. Als Reich das Geschütz auf den Himmel richtet, schaut sein Sohn ihn bewundernd an. Gegen Ende seines Lebens wurde Reich spleenig und glaubte, dass seine »Orgon-Kanone« nicht nur dazu dienen konnte, das Wetter zu beeinflussen und Regen zu produzieren, sondern auch die Erde vor einer unmittelbaren Bedrohung aus dem Weltraum zu verteidigen. Er starb im Alter von sechzig Jahren im Gefängnis.

Der noch nicht paranoide Reich sollte einen tiefgreifenden Einfluss darauf haben, wie wir uns heute Glück vorstellen. Ich behaupte nicht, dass er eine völlig neue Vorstellung von Glück entwickelte, die dann die bestimmende Vorlage für die westliche Kultur wurde. Er war jedoch der erste, der Authentizität und sexuelle Lust in einem kohärenten Begriff von Glück zusammenbrachte. Dadurch spielte er eine entscheidende Rolle bei der Bildung jener Glücksphantasien, die jetzt, etwa ein Jahrhundert später, reibungslos in unsere Kultur integriert worden sind.

Was Reich für die gegenwärtige Analyse interessant macht, sind nicht allein seine Theorien, wie sie in seinen Schriften – oft mit Zorn – formuliert wurden. Ich stimme Philip Rieff zu, wenn er sagt, die Lektüre von Reich sei »wie die Teilnahme an einem Pazifistentreffen: Man ist ein wenig erschrocken, so viel Aggression von Menschen zu erleben, die sich für ein Ende der Aggression einsetzen«.[2] Reichs Texte, vor allem die späteren, sind oft überzogen und aggressiv, so wenn er etwa schreibt; »Ich will, dass du aufhörst, ein Untermensch zu sein, und dass du ›du selbst‹ wirst« und »Du selbst, sage ich« wiederholt. Diese Texte sind, das muss ich zugeben, nicht besonders angenehm zu lesen. Auch finde ich keine Anzeichen von Genialität, wovon so viele gesprochen haben. Aber das macht Reich nicht weniger interessant. Faszinierend bleibt seine unbeirrbare Fähigkeit, stets zur rechten Zeit am rechten Ort zu sein und sich in kritische historische Momente einzuschreiben. Oder zur falschen Zeit am falschen Ort, je nachdem, wie man es sehen will. Es bleibt die Tatsache, dass er da war in Wien, als Freud und seine Kollegen die Grundlagen für das schafften, was eine äußerst einflussreiche Anschauung von der menschlichen Psyche werden sollte. Er arbeitete in einer der kostenlosen Kliniken in Wien, als die Psychoanalyse zum ersten Mal für einfache Leute zugänglich wurde. Und Reich war wieder da, wenn auch nur noch als ein Schatten, als große Teile der amerikanischen Jugend auf die Straßen gingen, um gegen die alte bourgeoise Welt des Konformismus zu rebellieren, und mit dem begannen, was später »die sexuelle Revolution« genannt wurde. Dass Reich in seinen letzten Jahren konservativ wurde und für die Republikaner stimmte, gehört zu einer der vielen bitter-ironischen Wendungen, die offensichtlich das prägende Merkmal seines Lebens waren.

Nach seinem Tod stand Reichs Werk für eine besondere Phantasie, eine Phantasie über Glück jenseits jeglicher Repression. Als das Zeitalter des Konformismus Anfang der 1960er Jahre zu Ende ging und die Individuen nicht mehr gezwungen waren, vorgeschriebene Rollen auszuagieren, wurde Reich die Kultfigur, nach der viele suchten. Seit den 1940er Jahren las eine neue Generation junger amerikanischer Bohemiens seine Bücher. Er wurde ein zweckmäßiges Symbol, das Repräsentanten der Gegenkultur wie William Burroughs, Fritz Perls und Paul Goodman priesen. In einer Zeit, die von sozialen Unruhen, politischen Experimenten und existentieller Verwirrung bestimmt war, symbolisierte Reich Hoffnung und Veränderung. Junge Frauen wollten nicht wie ihre Mütter sein, die das Image der ordentlichen und unendlich traurigen Hausfrau hatten. Und junge Männer wollten auf keinen Fall in die Fußstapfen ihrer Väter treten, die todlangweiligen Jobs in großen Unternehmen nachgingen, spät abends nach Hause kamen und sich vor dem Fernseher geschmackloses Essen reinschoben – und das Tag ein, Tag aus, bis sie schließlich nach einer Herzattacke tot umfielen.

In Jack Kerouacs halbfiktionalem Roman *Gammler, Zen und hohe Berge* stellt sich die Figur Japhy Ryder (angelehnt an den Dichter Gary Synder) eine Revolution gegen ein so monotones Leben vor. In einer Vision sieht er alle möglichen kuriosen Typen zusammenkommen, von Rucksackwanderern und jungen Amerikanern bis zu Dharma-Gammlern und Zen-Verrückten. Sie alle

> »weigerten sich zu unterschreiben, was die Konsumgesellschaft fordert: dass man Produziertes verbrauchen soll und daher arbeiten muss, um überhaupt konsumieren zu dürfen, all der Scheiß, den sie eigentlich gar nicht haben wollten, wie Kühlschränke, Fernsehapparate, Wagen, zumindest neue Luxusschlitten, bestimmte Haaröle und Deodorants und lauter solchen Kram, den man schließlich immer eine Woche später auf dem Müll wiederfindet, alle gefangen in einem System von Arbeit, Produktion, Konsum, Arbeit, Produktion, Konsum.«[3]

In diesem kulturellen Klima gewannen Reichs Ideen ihre Anziehungskraft.

Die heute übliche Vorstellung von Glück ist das Streben nach Authentizität. Die Glückssuche gilt als eine individuelle Beschäftigung – eine Wahl. Aber so dachte man damals nicht über Glück. Als Reich als Analytiker im Österreich der 1920er Jahre begann, seine Vorstellung von Glück zu propagieren, die sich auf der Annahme gründete, dass jedes Individuum sexuell befreit werde müsse, stieß er auf heftigen Widerstand. Er beschrieb später diese Kämpfe in einem kurzen und zornigen Buch mit dem Titel *Rede an den kleinen Mann*, abgefasst 1946. »Seit fünfundzwanzig Jahren vertrete ich in Wort und Schrift dein Recht auf Lebensglück im Diesseits; beschuldige ich dich der Unfähigkeit, dir zu nehmen, was dir gebührt«, schrieb er. Reich zufolge sind wir unsere eigenen Herren und frei zu tun, was wir aus unserem Leben machen wollen. »Niemand anderer trägt die Schuld für deine Sklaverei als du selbst. Niemand anderer, sage ich!«[4] Als er das schrieb, waren Konformismus und Sicherheit noch die vorherrschenden kulturellen Normen. Ein glückliches Leben wurde unmittelbar assoziiert mit materiellem Wohlstand, psychischer Sicherheit und einem stabilen Familienleben. Der Historiker Jackson Lears konstatiert:

> »Der Rat vom *Good Housekeeping* und ähnlichen Magazinen lautete ›Habt keine Angst, euch anzupassen und auch eure Kinder dazu zu ermutigen‹. Die Familie wurde die Fabrik, die ›gut angepasste‹ Erwachsene produzierte.«[5]

Glück sollte, wenn überhaupt, in der häuslichen Sicherheit des Familienlebens gefunden werden. Das war schon einer von Alexis de Tocquevilles Befunden auf seinen Reisen durch Amerika in den 1830er Jahren. Tocqueville stellte fest:

> »Wenn der Amerikaner vom Getümmel des öffentlichen Lebens sich zurückzieht in den Schoß der Familie, findet er in ihr das Bild von Ordnung und Frieden. Dort sind seine Genüsse einfach und natürlich, seine Freuden unschuldig und still; und da er findet, dass ein geordnetes Leben der sicherste Weg zum Glück ist, gewöhnt er sich ohne Schwierigkeit daran, seine Meinungen sowie seine Ansprüche zu mäßigen.«[6]

Reich dagegen betrachtete die Familie als eine »Fabrik für autoritäre Ideologien«,[7] hielt die emotionale Bindung zwischen Familienmitgliedern für eine Krankheit und nannte sie »Familitis«. Sicherheit und Wohlstand waren keine Zugänge zum Glück, sondern Barrieren. »Du bettelst um Glück im Leben, aber Sicherheit ist dir wichtiger, auch wenn sie dich dein Rückgrat, ja dein ganzes Leben kostet«.[8]

Nicht bloß abhängig von den Bequemlichkeiten des Alltagslebens zu sein, waren diese Menschen auch willige Sklaven des Konsumkapitalismus. Zu ängstlich, das authentische Leben individueller Freiheit und sexuellen Glücks zu wagen, verschwendeten sie ihr Leben damit, stumpfsinnige Fernsehshows anzuschauen oder sich von Radiowerbung verdummen zu lassen. »Du lauschst den Ankündigungen der Abführmittel oder Zahnpasta oder der Schuhcreme oder der Geruchstilgungsmittel im Radio. Aber du hörst nicht die Musik der Propaganda.«[9] Reich hielt diese Menschen nicht für glückswürdig, denn um glücklich zu sein, muss man das Glück *wollen*. »Begreifst du nun, weshalb das Glück dir davonrennt? Es will erarbeitet und verdient sein! Du aber willst Glück nur fressen, und deshalb rennt es dir davon, denn es will nicht von dir gefressen werden«.[10]

Heute, mehr als ein halbes Jahrhundert später, hallen Reichs Worte in beliebig vielen Lifestyle-Magazinen und Selbsthilfebüchern und sogar in der Politik und Wirtschaft wider. Freuds pessimistische Ansicht vom menschlichen Glück dagegen ist völlig aus der Mode. Während Freud gewiss der Angesehenere der beiden ist, scheint es so, dass Reich das letzte Wort hat, zumindest soweit es unsere gegenwärtige Kultur des Glücks betrifft. Freud und Reich verkörpern zwei gegensätzliche Vorstellungen von Glück, so gegensätzlich, dass die beiden Männer nach Jahren des Streits für immer aufhörten, miteinander zu sprechen.*

Als Reich Freud kennenlernte

Im Sommer 1918, wenige Monate vor dem Ende des Ersten Weltkriegs, kam der einundzwanzigjährige Wilhelm Reich nach Wien. Er war ein auffällig hübscher junger Mann mit bohrenden dunklen Augen. Der Krieg ließ ihn mittellos zurück, und er besaß keine andere Kleidung als seine schäbige Militäruniform. In seiner Autobiographie *Passion of Youth* beschrieb er, wie er zwei

* Für die Geschichte über Reich habe ich auf zahlreiche Quellen zurückgegriffen, vor allem auf seine Schriften und seine Tagebücher und Briefe. Doch unbedingt erwähnen muss ich Christopher Turners wunderbar detaillierte und unterhaltsame Biographie über Reich *Adventures in the Orgasmatron*, aus der ich mich frei und großzügig bedient habe.

Jahre lang von Haferflocken und Trockenfrüchten lebte. Ein Tagebucheintrag aus jener Zeit lautet lakonisch: »Sitze in meinem Zimmer mit Handschuhen und Pelzmantel und studiere Chemie.«[11]

Ein Jurastudium brach er nach kurzer Zeit ab, weil er es »langweilig und antiquiert«[12] fand und wechselte zur Medizin, die mehr Anregung versprach. Sexologie tauchte im Lehrplan nicht auf, ein Versäumnis, das Reich und einige seiner Kommilitonen für untragbar hielten.

Wien war ein Ort voller Traditionen und mit einem Hang zur Sentimentalität, aber auch ein Zentrum für provokative neue Ideen, sei es in der Philosophie, Kunst oder Musik. Um sich mit diesen Strömungen zu verbinden – besonders dem Studium von Sex und Libido –, hatten Reich und seine Mitstudenten eine Seminargruppe gegründet. Fast ein Jahr verging, bis sie genug Mut aufbrachten, um sich Rat von Sigmund Freud zu holen.

»Ich war in einem Zustand der Beklemmung gekommen«, schilderte Reich später, »und ging froh und glücklich weg.«[13] Freud hatte sich als fürsorglicher und bereitwilliger Mentor erwiesen und die jungen Männer mit einer Auswahl seiner Bücher beschenkt. Für Reich bedeutete es den Beginn einer vierzehn Jahre langen intellektuellen Beziehung; doch sie sollte in »bitterer Enttäuschung«[14] enden.

Was als eine intensive Zusammenarbeit begann, in der Freud Reich für einen seiner begabtesten Schüler hielt, endete Anfang der 1930er Jahre in einem erbitterten Streit über Politik und die Struktur der Familie. Im Zentrum des Konflikts finden sich meiner Ansicht nach zwei widerstrebende Vorstellungen von Glück. Reich glaubte fest an eine revolutionäre Politik, die sich erst verwirklichen würde, wenn die Menschen sexuell befreit sind. Und um diese Befreiung zu erreichen, argumentierte er, müssten wir zuerst die Familienbande auflösen. Sie beschränken die Freiheit ihrer Mitglieder und hindern sie daran, glücklich zu sein. Kinder seien zum Gehorsam gezwungen. Als Folge davon würden sie unglücklich und unterwürfig. Und das galt dann auch für die Massen. In seinem Buch *Die Funktion des Orgasmus* (1927) schrieb er:

> »Die Zentralstelle der autoritären Strukturierung der Menschenmasse ist nicht die natürliche Elternliebe, sondern die autoritäre Familie. Ihr Hauptmittel ist die Unterdrückung der Geschlechtlichkeit des Kleinkindes und des Puberilen.«[15]

In fast allen Schriften Reichs finden wir eine romantische Vorstellung von dem, was er austauschbar »natürliches Glück« oder »sexuelles Glück« nannte. Für ihn bedeutete es das genaue Gegenteil von Unterdrückung, Gehorsam und Autoritarismus. Freud dagegen hegte Skepsis gegenüber dieser Form des Glücks. Während er mit Reich darin übereinstimmte, dass sexuelle Unterdrückung tatsächlich ein Problem ihrer Zeit war, sah er sexuelle Befreiung nicht als einen natürlichen Weg zum Glück. In einem seiner späteren Werke, *Das Unbehagen in der Kultur*, meinte Freud, dass die Absicht, dass der Mensch glücklich sei, »im Plan der Schöpfung« nicht enthalten sei.

Viele Jahre später, kurz vor seinem Tod, gab Reich ein Interview, in dem er über seine Beziehung zu Freud sprach. »Schauen Sie mal auf dieses Bild von Freud«, bat Reich den Interviewer: »Ich weiß nicht, ob Sie es sehen, was in diesem Bild ist. Ich sah es nicht, als ich es 1925 von ihm bekam. Können Sie es sehen?«

Der Interviewer schaute es an und antwortete zögernd, dass da wohl etwas Auffälliges sei. »Es ist ein trauriger

Ausdruck«, kommentierte Wilhelm Reich, »wahre Verzweiflung.«[16]

Reich zufolge war Freud ein hoffnungsvoller und potenter Mann, als sie sich zum ersten Mal begegneten. Aber dann, Mitte der 1920er Jahre, änderte sich alles: Er erkrankte an Krebs und verlor seine Leidenschaft. »Nun, Krebs in meinen Forschungen«, fuhr Reich fort, »ist eine Krankheit, die auf emotionale Resignation folgt.«[17]

Er deutete an, dass Freud Krebs entwickelte, weil er sexuell nicht befriedigt war. »Ich glaube nicht, dass sein Leben glücklich war«, erklärte Reich. »Er führte ein stilles, respektables Familienleben ... aber es gibt wenig Zweifel, dass er genital sehr unbefriedigt war.«[18]

Hier, in diesen Worten, findet sich der unzensierte Ausdruck von Reichs moralistischer Glücksphantasie. Glück war gleichbedeutend mit der Fähigkeit, sexuelle Befriedigung zu erreichen. Und das meinte auch einen Zustand vollkommener Harmonie, in dem man eine völlige Einheit mit sich selbst bilden konnte. Genitales Unbefriedigtsein war ein Hinweis auf Krankheit, die sich in Form von Perversion, Resignation oder tödlichem Krebs wie im Falle Freuds ausdrückte. Man sieht, dass sich Reichs Glücksphantasie auf eine seligmachende Phantasie vom Guten (sexuelle Befreiung, Authentizität, Potenz etc.) bezieht, die einer erschreckenden Phantasie des Verdorbenen (Perversion, Krebs, Resignation etc.) gegenübergestellt wird. Und Reich beschränkte diese Glücksphantasie nicht auf den Bereich des Individuums. Als er sich in der zweiten Hälfte der 1920er Jahre politisch radikalisierte, prägte seine Glücksphantasie auch seine ganze Vorstellung von Gesellschaft – eine Vorstellung, die später viele mit ihm teilten.

Ein angehender Sexualrevolutionär

Reichs Leben unterschied sich in vieler Hinsicht von dem Freuds. Seine Geschichte beginnt im Jahr 1897, vier Jahrzehnte nach Freuds Geburt, auf einem Gut in der Österreichisch-Ungarischen Monarchie, in der heutigen Ukraine. In seiner Autobiographie *Passion of Youth* beschreibt Reich ein nicht ganz gewöhnliches Familienleben, das von sexuellen Intrigen geplagt war. Im Alter von vier belauschte er das Hausmädchen, wenn sie Geschlechtsverkehr mit dem Kutscher hatte. Diese Erfahrung habe in ihm »erotische Gefühle von enormer Intensität« hervorgerufen. Ein Jahr später begann er als Fünfjähriger, das Kindermädchen seines jüngeren Bruders zu masturbieren. »Ich kletterte auf sie drauf«, schilderte Reich, »hob ihr Kleid und griff an ihr Geschlecht (zu ihrem offensichtlichem Vergnügen).«[19] Mit elf verlor er durch die Köchin seine Unschuld. Und fast seine ganze Kindheit hindurch bereitete er dem Familienpferd Lust mit einer Reitgerte.[20]

Im Alter von zehn entdeckte Reich, dass seine Mutter eine Affäre mit seinem Hauslehrer hatte. Wenn die beiden nachts zusammenkamen, stand er draußen vor der Tür, belauschte ihr Liebesspiel und überlegte sich, ins Zimmer zu stürmen und die Mutter mit der Drohung zu erpressen, alles dem Vater zu sagen, wenn sie nicht einwilligte, Sex mit ihm zu haben. Aber dazu kam es nicht, denn sein Vater fand heraus, was vor sich ging. Aus Angst vor Vergeltung versuchte die Mutter, Selbstmord zu begehen, indem sie eine Flasche Reinigungsmittel austrank. Sie wurde von ihrem Ehemann gerettet, aber nach zwei weiteren Versuchen gelang es ihr, sich das Leben zu nehmen. Reich war dreizehn Jahre alt.

Einige unglückliche Jahre später starb auch Reichs Vater. Mit siebzehn musste er die Verantwortung für seinen jüngeren Bruder und einen großen Gutshof übernehmen.

Man könnte meinen, dass das eine passende Erziehung für einen Mann war, der später ein Synonym für die sexuelle Revolution wurde. Allerdings sollte man vorsichtig sein, wenn es um die Parallelen zwischen Leben und Werk einer Person geht. Aber vielleicht ist es möglich, das umgekehrt zu betrachten. Wie Susan Sontag in ihrer Einführung zu Walter Benjamins *Einbahnstraße* schrieb: »Man kann das Leben nicht dafür benutzen, um das Werk zu interpretieren. Aber man kann durch das Werk das Leben interpretieren.«[21]

So oder so, nach dieser Kindheit und Jugend und einigen Jahren an der Front kam Reich 1918 nach Wien, um sein Studium an der Universität zu beginnen. Im folgenden Jahr, nachdem er Freud kennengelernt hatte, bekam er die Gelegenheit, zum ersten Mal seine eigenen psychoanalytischen Forschungen zu präsentieren. Es war eine kleine, aber exklusive Gruppe von Analytikern, die dem jungen Reich zuhörte. Sichtbar nervös hielt Reich ein Referat über Ibsens Peer Gynt, in dem er argumentierte, dass Gynt an Narzissmus und Größenwahn litt, hervorgerufen durch libidinöse Konflikte. Die Analyse machte großen Eindruck auf die Zuhörer, und Reich wurde als jüngstes Mitglied in Freuds inneren Zirkel, die Wiener Psychoanalytische Gesellschaft, aufgenommen.[22] Was sie damals nicht wussten, war, dass Reich sich stark mit Peer Gynt identifizierte und dass auch er Anfälle von narzisstischem Größenwahn hatte.[23] Doch es sollte nicht lange dauern, bis sie es herausfanden.

Reichs frühe Faszination für Sex ließ nicht nach. Als er mit seiner Praxis begann, erhielt er ungeahnte Gelegenheiten, den Gegenstand zu erforschen, nicht nur in der Theorie, sondern auch in der Wirklichkeit. Als Student hatte er wenig Erfolg bei den Frauen. In den örtlichen Tanzlokalen fühlte er sich fehl am Platz. Aber als er ein bekannter Analytiker wurde, änderten sich die Dinge. Nicht nur erwarb er ein neues Statusgefühl, sondern er bekam auch einen neuen Wirkraum, der ihm zweifellos mehr behagte als die Tanzsäle.[24] Während der Analyse bekam er die ungeteilte Aufmerksamkeit, nach der er sich lange gesehnt hatte.

So war es nicht überraschend, dass er seine erste Frau durch die Analyse kennenlernte. Natürlich nahmen Kollegen empört Anstoß. Mit einer Patientin schlafen, war – und ist – eines der größten Tabus in dem Beruf. Reich verteidigte sein Handeln. Er habe mit ihr nicht während der Analyse geschlafen, widersprach er, sondern erst, nachdem sie abgeschlossen war. Zu dem Zeitpunkt habe seine Frau schließlich ihr eigenes wahres Selbst gefunden.[25] Inmitten der Proteste verteidigte Freud seinen jungen Schüler.

Anfang der 1920er Jahre interessierte Reich sich nicht für Politik. Er stand unter finanzieller Belastung und musste lange Stunden als Nachhilfelehrer arbeiten, um zurechtzukommen. Aber Mitte der zwanziger Jahre, als sich seine Umstände besserten, erwachte sein politisches Interesse. Er schloss sich der Wandervogelbewegung an, wo er Sozialisten, Pazifisten und Freidenker traf. Inspiriert von dem Anarchisten Gustav Landauer revoltierten diese jungen Liebhaber der Freiheit gegen alle Formen der Autorität. Sie schauten mit Verachtung auf den bourgeoisen Lebensstil ihrer Eltern und suchten Freiheit in den Bergen, die das natürliche Ziel ihrer Ausflüge waren.[26]

Mit seiner Anstellung an der neueröffneten Klinik, bekannt als Ambulatorium, die einen Steinwurf entfernt von Wiens Allgemeinem Krankenhaus lag, konnte Reich sein wachsendes Interesse an Politik mit der Psychoanalyse verbinden. Bis zu dem Zeitpunkt war die Psychoanalyse eine Praxis, die nur wenigen Ausgewählten zur Verfügung stand. Sie war teuer, und nur Wohlhabende konnten sie sich leisten. Aber als die freie Klinik eröffnet wurde, hatte praktisch jeder Zugang zur Psychoanalyse. Die einzige Voraussetzung war die Bereitschaft, seine intimen Geheimnisse zu enthüllen. Dieser Ort erwies sich als genau richtig für Reich. Im Laufe seiner Beschäftigung am Ambulatorium behandelte er mehr als siebzig Menschen. Sie kamen aus allen Alters- und Berufsgruppen: Industriearbeiter, Büroangestellte, Studenten und Bauern.

Reich nutzte diese Gelegenheit. Um mehr über das Sexualleben der Menschen zu erfahren, begann er, ihre Geschichten zu sammeln. 1924, als er der Leiter einer Sektion wurde, erhielt er Zugang zu den Karteien anderer Analytiker, und im Jahr darauf veröffentlichte er sein erstes Buch *Der triebhafte Charakter*, das auf den gesammelten Fallgeschichten basierte. Reich interessierte sich besonders für die Menschen, die er triebhafte Charaktere nannte – Patienten, die »etwas Besonderes haben, das den einfachen Neurotikern fehlt«. Er wollte unbedingt die Motive derjenigen mit selbstkastrierenden Neigungen verstehen, wie etwa »die triebgeleitete Patientin, die nur bis zum Orgasmus masturbieren kann, wenn sie heftig aus der Vagina blutet und die sich mit einem Messergriff ihren Gebärmutterhals verletzt und am Ende eine Gebärmuttersenkung erleidet«.[27]

Den triebhaften Charakter definiert, so Reich, sein ungesundes sexuelles Naturell, das durch eine verfehlte Sexualerziehung verursacht ist. Wenn diese Menschen erwachsen werden, fehlt ihnen die Fähigkeit, sich auf ihre

Sexualität zu beziehen. »Ein Ausgleich findet nicht einmal durch Onanie oder durch sehr früh aufgenommenen Sexualverkehr statt«, schrieb Reich, »weil die ganze libidinöse Organisation durch Enttäuschung und Schuldgefühl zerrissen ist.«[28]

Mit dem reichhaltigen Material, das Reich zusammengetragen hatte, glaubte er, die Antwort auf die Frage gefunden zu haben, warum so viele Menschen an einer Neurose litten. Kurz gesagt, das Problem entsprang ihrer Unfähigkeit, zum Orgasmus zu kommen. Wenige Jahre später fasste er seine Befunde in dem Buch *Die Funktion des Orgasmus* zusammen. Unter den Hunderten von Fällen, die er im Laufe mehrerer Jahre intensiver Arbeit beobachtet und behandelt hatte, gab es kaum eine Frau und nur wenige Männer, die nicht an Genitalstörungen litten.

Überzeugt, dass er das Kernproblem der Psychoanalyse gelöst hatte, wurde Reich in seinen Analysen immer radikaler. Eine Frau, die in einer Beziehung ohne Sex lebte, forderte er auf, ein Sexualverhältnis mit einem jüngeren Mann einzugehen.[29] Der einzige Maßstab für eine erfolgreiche Therapie wurde die Orgasmusfähigkeit des Patienten oder der Patientin. Reich nannte dies die orgastische Potenz. Er verglich den Menschen mit einer Zwiebel, und die Rolle des Analytikers bestand darin, den Patienten dabei zu helfen, die Schichten abzuschälen und ihren Charakterpanzer aufzubrechen. Verborgen unter diesen Schichten war, glaubte Reich, ein im Wesentlichen gutes und liebendes Lebewesen:

> »Die charakterliche Panzerung ist die Grundlage von Vereinsamung, Hilfsbedürftigkeit, Autoritätssucht, Angst vor Verantwortung, mystischer Sehnsucht, sexuellem Elend, neurotisch-hilfloser Rebellion ebenso wie

krankhaft-widernatürlicher Duldsamkeit. Die Menschen haben sich dem Lebendigen in sich feindselig entfremdet. Diese Entfremdung ist nicht biologisch, sondern sozialökonomischen Ursprungs. Sie fehlt in den Stadien der Menschheitsgeschichte vor der Entwicklung des Patriarchats.«[30]

Reich schrieb zu einer Zeit, die von wissenschaftlicher Neugier und Experimentierfreude bestimmt war. Doch als er begann, fast alle Formen psychischen Leidens auf die Orgasmusunfähigkeit zu beziehen, regte sich Widerstand bei den Kollegen im Wiener Zirkel. Mitte der 1920er Jahre galt er immer noch als einer der wichtigsten Analytiker des Landes. Aber als seine Ansichten radikaler wurden, wuchs die Zahl der Kritiker. Einer von Freuds Schülern, Richard Sterba, warf Reich vor, ein genitaler Narzisst zu sein. Ein anderer einflussreicher Analytiker, Paul Federn, stempelte ihn als aggressiv und paranoid ab. Andere Kollegen nannten ihn einfach den »Orgasmusfanatiker«.[31]

Verzicht oder Totaler Orgasmus

Freuds Essay »Die Zukunft einer Illusion« aus dem Jahr 1927 lässt sich als eine direkte Reaktion auf Reichs romantische Vorstellung vom eigentlich guten Menschen lesen. In Freuds pessimistischem Essay wird das Individuum als ein destruktives Wesen mit »antisozialen und antikulturellen Tendenzen«[32] beschrieben. Aus diesen Gründen benötigt eine Zivilisation »Zwang und Triebverzicht«.[33] Freud widersprach nicht nur Reichs Vorstellung von angeborenen Tugenden, er verfocht auch seine eigene Version des Autoritarismus mit der Ansicht, dass ohne ein gewisses Maß an auferlegter Repression die Massen außer Kontrolle gerieten. »Denn die Massen sind träge und einsichtslos, sie lieben den Triebverzicht nicht, sind durch Argumente nicht von dessen Unvermeidlichkeit zu überzeugen.«[34]

In einem elitären Ton fährt Freud fort:

> »Um es kurz zu fassen, es sind zwei weit verbreitete Eigenschaften der Menschen, die es verschulden, daß die kulturellen Einrichtungen nur durch ein gewisses Maß von Zwang gehalten werden können, nämlich, daß sie spontan nicht arbeitslustig sind und daß Argumente nichts gegen ihre Leidenschaften vermögen.«[35]

Als Freud 1927 diese Worte schrieb, hatte sich seine Beziehung zu Reich schon verschlechtert. Reichs politisches Engagement dagegen wurde stärker. Er las Marx und fand, dass dessen Werk für die Ökonomie so radikal war, wie es Freuds Werk für die Psychiatrie wurde. Er las auch Engels, Trotzki und Lenin und trat der Medizinersektion der Österreichischen Kommunistischen Partei bei. Von da an sah er als seine Aufgabe, den Marxismus mit der Psychoanalyse zu verbinden.

Für Reich waren die Massen schön und fähig, sich zu befreien. Sie waren nicht durch Faulheit und mangelnde Intelligenz bestimmt, wie Freud behauptet hatte. Nur (sexuell) unterdrückte Massen waren gefährlich. Wenn sie lernen könnten, wie man einen vollständigen Orgasmus bekommt, und infolgedessen authentisch und glücklich lebt, würden sie auf eine natürliche und freundliche Weise zusammenkommen. Und zusammen würden sie das erschaffen, was Reich sich als eine genitale Utopie vorstellte. Freud dagegen glaubte nicht an die Verwandlung der Menschheit[36] – zumal nicht an den Umsturz der alten repressiven Ordnung und die Errichtung einer neuen sexuellen Utopie. Für ihn waren solche Gedanken wahnhaft und ein Beweis dafür, dass Reich die fundamentalen Einsichten der Psychoanalyse missverstanden hatte, nämlich dass das Individuum angeborene aggressive Neigungen hat und als ein unbewusstes Wesen »nicht einmal Herr im eigenen Hause ist«.[37] Aus diesen Gründen konnte es keine utopische Gesellschaft geben, die auf sexueller Befreiung basiert.

Ihre Meinungsverschiedenheit in diesem Punkt war unüberbrückbar. Reich meinte, dass Unglück von außen, durch Autoritarismus und Paternalismus auferlegt ist. Freud dagegen hielt es für eine unvermeidliche Bedingung des Menschseins. Die beiden trafen sich ein letztes Mal 1930 in Freuds Villa am See. Reich erinnerte sich später: »Freud konnte mir nicht folgen. Es war nicht die charakteranalytische Technik, die ihn störte, sondern die sexuelle Revolution.«[38] Ich denke, dass das, was Freud ablehnte, Reichs Vorstellung kollektiven Glücks war, das aus einer genitalen Revolution folgte. Das war Reichs Glücksphantasie.

In dem kurzen und meist höflichen Briefwechsel zwischen Freud und Reich, der die Jahre 1924 bis 1939 umfasst, findet sich kaum etwas zu ihrem Dissens über den Glücksbegriff. Aufschlussreicher ist Freuds Schrift *Das Unbehagen in der Kultur*. In einem Brief an seine Freundin Lou Andreas-Salomé nannte Freud das Buch eine »Arbeit, die von Glück und ähnlich hohen Dingen handelt«.[39] Tatsächlich wählte er ursprünglich den Titel *Das Unglück in der Kultur*. Aber dann ersetzte er »Unglück« durch das suggestivere »Unbehagen«.

Reich behauptete später, dass das ganze Buch als Antwort auf ihn geschrieben wurde. Genauer gesagt, es wurde als Reaktion auf ein Referat wahrgenommen, dass er 1928 in Freuds Haus unter dem Titel »Die Prophylaxe der Neurose« präsentiert hatte.[40] Der Vortrag kam bei Freud und den Kollegen aus dem Wiener Zirkel nicht gut an. Reich erinnerte sich später an die »kalte Atmosphäre« bei dem Treffen. Die Diskussion wurde sarkastisch, und Freud fiel es schwer, sich zurückzuhalten. Zu diesem Zeitpunkt war allen Beteiligten – Reich eingeschlossen – klar, dass Freud ihn für unberechenbar hielt und den Umgang mit ihm zunehmend schwierig fand. Reich bemerkte später dazu: »Ich war derjenige, der ›unbehaglich in der Kultur‹ war.«[41]

Absicht und Ziel des menschlichen Lebens, schreibt Freud zu Beginn von *Das Unbehagen in der Kultur*, ist das Glück. Menschen streben nach dem Glück, sie wollen glücklich werden und so bleiben.[42] Zu diesem Zweck folgen sie dem »Programm des Lustprinzips«, das Lust zu maximieren und Schmerz zu minimieren sucht. Aber es gibt ein Problem bei dieser Suche:

> »Man möchte sagen, die Absicht, daß der Mensch ›glücklich‹ sei, ist im Plan der ›Schöpfung‹ nicht enthalten. Was man im strengsten Sinne Glück heißt, entspringt der eher plötzlichen Befriedigung hoch aufgestauter Bedürfnisse und ist seiner Natur nach nur als episodisches Phänomen möglich.«[43]

Hier erkennt man deutlich den Unterschied zwischen Freud und Reich. Das Wesen des Glücks ist nach Freud episodisch und stellt sich ein, wenn unsere aufgestauten Bedürfnisse befriedigt sind. Für Reich dagegen ist Glück ein Dauerzustand, in dem unsere Bedürfnisse ständig befriedigt werden. In einem solchen Zustand erlangen die

Individuen Autonomie und sexuelle Unabhängigkeit. Sexualität muss frei und natürlich sein, völlig befreit von inneren und äußeren Restriktionen. Und der einzige Weg, um ein befriedigter und glücklicher Mensch zu werden, ist das Erreichen genitaler Befriedigung.

Freud zufolge gibt es bei dieser Annahme mindestens zwei Probleme. Erstens, das Lustprinzip kann nicht unbegrenzt ausgedehnt werden. Nach einer Weile stellt sich nur »ein Gefühl von lauem Behagen« ein, denn »wir sind so eingerichtet, daß wir nur den Kontrast intensiv genießen können, den Zustand nur sehr wenig.«[44] Wenn der Kontrast verschwindet, hört auch der Genuss auf. Zweitens, das Streben nach Genuss ohne Verzicht muss fehlschlagen:

> »Uneingeschränkte Befriedigung aller Bedürfnisse drängt sich als die verlockendste Art der Lebensführung vor, aber das heißt den Genuß vor die Vorsicht setzen und straft sich nach kurzem Betrieb.«[45]

Dem Lustprinzip folgen, wird nicht zu dauerndem Glück führen. Entweder endet es in lauem Wohlbehagen, das mit der Zeit immer schwächer und dumpfer wird, oder es bringt seine eigene Unzufriedenheit hervor, die zumindest so schmerzhaft sein wird, wie die Befriedigung angenehm war.

Bei der Wahl zwischen diesen beiden Strategien ist es nach Freud für die Menschen besser, Unglück und Unzufriedenheit möglichst aus dem Weg zu gehen. So meiden sie die Heftigkeit lustbedingten Leidens. Es gibt immer und überall mehr Unglück als Glück. Das Unglück kommt von der Übermacht der Natur, die uns jederzeit einfach wegwischen kann. Es kommt von unseren Körpern, die selten so funktionieren, wie wir es wollen, und die schließlich verfallen. Und das Unglück entsteht aus Beziehungen, die wir zu anderen Menschen haben, sei es die Familie, die Gesellschaft oder der Staat.

Unglück widerfährt uns, so Freud, leicht und natürlich. Aber dieser Tatsache wollen wir nicht ins Auge sehen. Stattdessen schreiben wir unser Unglück äußeren Ursachen zu wie etwa der repressiven Natur der Zivilisation. Wir reden uns ein, »einen großen Teil der Schuld an unserem Elend trage unsere sogenannte Kultur; wir wären viel glücklicher, wenn wir sie aufgeben und in primitive Verhältnisse zurückfinden würden.«[46] Um an dieser Phantasie festzuhalten, beschuldigen wir die Zivilisation, unsere Lust gestohlen zu haben. Regeln und Beschränkungen haben uns von dem getrennt, was wir am meisten wollen und genießen. Für Freud war das nur eine Phantasie, die darauf abzielt, die schmerzhafte Einsicht zu verschleiern, dass wir als Menschen niemals vollkommen eingestellt sind auf das, was wir ersehnen.

Natürlich gefiel Reich nicht, was Freud in *Das Unbehagen in der Kultur* zu sagen hatte. Es stand in direktem Gegensatz zu fast allem, woran er in Hinsicht auf menschliches Glück, sexuelle Befriedigung und die Vision einer Gesellschaft jenseits des Verzichts glaubte. Für ihn war das Buch ein Ausdruck von Freuds durch den Krebs verursachter Resignation.

Auch wenn Glück in Freuds Werk bis zur Veröffentlichung von *Das Unbehagen in der Kultur* kein zentraler Begriff war, finden wir ihn doch an einigen anderen Stellen in seinen Schriften, etwa schon in den *Studien über Hysterie* aus dem Jahr 1895, als er fast vierzig war. Am Ende des Buches erklärt Freud, dass es eine der Hauptaufgaben des Analytikers sei, die Patienten so zu stärken, dass sie besser gegen Unglück gewappnet sind. Als Patienten ihn fragten, auf welche Weise die Analyse ihnen helfen könnte, gab Freud die oft zitierte Antwort, dass »viel damit gewonnen ist, wenn es uns gelingt, Ihr hysterisches Elend in gemeines Unglück zu verwandeln.«[47] Offensichtlich änderte Freud seine Ansicht von Glück als Folge seiner Erkrankung, wie Reich behauptete, nicht, sondern blieb während seines Berufslebens den Glücksphantasien gegenüber misstrauisch. Philip Reiff bemerkte dazu: »Freud verfolgte ein bescheidenes Experiment: Seine Lehre verspricht nicht mehr Glück, sondern weniger Elend.«[48]

Niedergang und Fall

Als *Das Unbehagen in der Kultur* veröffentlicht wurde, hatte Reich mit seiner Familie gebrochen und war nach Berlin gezogen, wo er der Kommunistischen Partei beitrat. Berlin bot ihm einen Neustart und ein neues Publikum, das aufgeschlossener zu schien als das in Österreich. Aber der Aufenthalt dauerte nicht lange. Als Hitler 1933 die Macht ergriff, fürchtete Reich um sein Leben und floh zurück nach Österreich. Kurze Zeit später wurde sein Werk zusammen mit den Büchern anderer jüdischer und linker Autoren, darunter Freud, öffentlich verbrannt.

Die folgenden sechs Jahre, von 1933 bis zum Ausbruch des Krieges 1939, verbrachte Reich in Skandinavien. Er kam zuerst nach Dänemark, wo er *Die Massenpsychologie des Faschismus* selbst herausgab, ein buchlanger Versuch, marxistische Theorie mit der Psychoanalyse zu verbinden. Wieder wandte er sich der Frage nach den Massen zu. Im Gegensatz zu Freud hielt Reich die Massen nicht für grundsätzlich gefährlich. Menschen wurden nur aggressiv, sobald sie von ihrer eigenen wahren Natur getrennt waren und ihnen Angst vor ihrer Sexualität gemacht wurde. Als Folge verloren sie ihr Selbstvertrauen, lehnten jede Verantwortung für ihre Entscheidungen und Handlungen ab und verlangten Orientierung und Führung. Faschismus gedieh, wenn die Menschen an geringem Selbstwertgefühl litten. »Die faschistische Mentalität ist die Mentalität des unterjochten, autoritätssüchtigen und gleichzeitig rebellischen ›kleinen Mannes‹.«[49]

Reich war nach Dänemark gezogen, um dort als Lehrer zu arbeiten. Anfangs schien er den Einfluss zu gewinnen, den er ersehnte, aber das war nur von kurzer Dauer. Als einer seiner Anhänger mit seiner sexualpolitischen Agenda für den Dänischen Reichstag kandidierte, wurde Reich schnell zu einer umstrittenen Figur, deren Ideen, so seine Gegner, die Jugend verdarb.[50] *Die Massenpsychologie des Faschismus* wurde weitgehend feindselig aufgenommen. Eine besonders scharfe Kritik, die in der Zeitung der Dänischen Kommunistischen Partei erschien, nannte das Buch konterrevolutionär. Infolgedessen wurde Reich aus der Dänischen Kommunistischen Partei ausgeschlossen.[51] Sein Visum wurde nicht erneuert.

Nach einem kurzen Aufenthalt in Schweden, ein Land, das er zutiefst verabscheute, zog er weiter nach Norwegen, wo er bis 1939 blieb. Dort entwickelte er eine neue Art der Therapie, bei der Patienten aufgefordert wurden, sich zu entkleiden, sich auf den Rücken zu legen, die Beine in der Luft, und tiefer und schneller zu atmen. Reich gab den Patienten eine Massage, damit sie sich entspannten und fähig zum vollen Orgasmus wurden. Diese Methode hieß zunächst Orgasmotherapie, später dann charakteranalytische Vegetotherapie.[52] Reich glaubte, diese Therapie habe ein emanzipatorisches Ziel: Freiheit sowohl dem Individuum als auch der Gesellschaft zu bringen. »Hier war eine Therapie, die die Welt ändern würde – aber nur dadurch, dass sich das Ich änderte«, wie Rieff es in seinem Buch *The Triumph of the Therapeutic* ausdrückte. »Bei Reich drehen sich diese Stränge des Sozialismus um einen seltsamen messianischen Glauben an Therapie, die eine Heilslehre begründet.«[53] Später sollten sich viele Patienten, darunter Reichs Sohn, darüber beklagen, dass die Therapie ihnen schweren körperlichen Schaden zugefügt habe.

Reich war nun aus Deutschland, Dänemark und Schweden als auch aus der Kommunistischen Partei und der Internationalen Psychoanalytischen Vereinigung hinausgeworfen worden. Desillusioniert zog er sich von der Öffentlichkeit zurück und vertiefte sich in seine wissenschaftlichen Experimente. Er wollte erforschen, was er die »vegetative Strömung« nannte. Seine Experimente waren unkonventionell. Zum Beispiel vermischte er Lebensmittel in einem Topf und studierte sie dann unter dem Mikroskop.[54] Trotz dieser exzentrischen Verfahren oder vielleicht gerade ihretwegen waren seine Experimente schließlich erfolgreich. Das glaubte er zumindest. 1939 behauptete er, beobachtet zu haben, was er für eine der bis dahin größten wissenschaftlichen Entdeckungen hielt. Er hatte eine radioaktive Strahlung gesehen, eine Art kosmischer Energie, die er Orgonenergie nannte. Diese Energie sollte ein Allheilmittel sein, stark genug, um jede Krankheit, einschließlich Krebs, zu bekämpfen.

1938, als der Faschismus Norwegen erreichte, flüchtete Reich in die USA. Er zog in ein zweistöckiges Backsteinhaus in Forest Hills in Queens (New York), wo er seine Experimente wiederaufnahm. Nach der Entdekkung, dass die Orgonenergie luftgebunden ist, begann er, Kästen zu entwerfen, in denen die Energie eingefangen und intensiviert werden konnte. Das Ergebnis war der

Orgonakkumulator – ein Holzkasten, ausgekleidet mit Metall und groß genug, um darin zu sitzen. Reich war überzeugt davon, dass die Box die orgastische Potenz eines Menschen steigern konnte. In den folgenden sechs Jahren setzte er seine Arbeiten in Ruhe fort.

Aber alles änderte sich, als Mildred Edie Brady 1947 einen bösen Artikel in der Zeitschrift *The New Republic* veröffentlichte. Darin beschrieb sie Reich als »einen großen, rotgesichtigen, braunhaarigen Mann von 50, der einen langen Arztkittel trägt und an einem riesigen Schreibtisch sitzt.« In einem hämischen Ton porträtierte Bradie ihn als einen betrügerischen Analytiker, der paranoide Lügengeschichten über die Gesellschaft verbreitete.

> »Zwischen dem Unterrichten von Studenten in seinen Theorien und der Behandlung von Patienten im Orgonakkumulator wird er jedem erzählen, wie unsagbar verrottet der zugrundeliegende Charakter des durchschnittlichen Individuums ist und wie er die vorzeigbare Oberfläche seiner Patienten abschält, um die korrumpierte ›zweite Schicht‹ der menschlichen Persönlichkeit freizulegen.«

Die Autorin verspottete Reichs Theorien und endete mit der Bemerkung, dass der »wachsende Reich-Kult« nicht völlig dem psychoanalytischen Establishment angelastet werden könne, aber es sollte in der Tat eine gewisse Verantwortung übernehmen. Während »Apotheker, Klempner und selbst Friseure eine Lizenz haben müssen, um ihre Fertigkeiten zu praktizieren«, schrieb sie, »kann jeder sich Psychoanalytiker nennen, ein Schild raushängen und Patienten annehmen.«[55]

Der Artikel in *The New Republic* hatte verheerende

Folgen für Reich. Bald nach seiner Veröffentlichung bekam die Food and Drug Administration (FDA) einen Brief, der sie darauf aufmerksam machte, dass Reich »offenbar seine Patienten mit einem Apparat behandelt, der die anscheinend phantastische Substanz ›Orgon‹ einfängt und sie zum Nutzen der Person ansammelt, die sich im Inneren des Geräts befindet.«[56] Die Aufsichtsbehörde leitete eine Ermittlung ein und besuchte Reich unangekündigt in seinem Anwesen in Maine. Als sie herausfand, dass dort 250 Orgonakkumulatoren gebaut und an Kunden ausgeliefert worden waren, schrieb sie in einem Bericht, »dass wir es hier mit einem Betrug ersten Ranges zu tun haben, der von einem sehr fähigen Individuum durchgeführt und zu einem erheblichen Grad von Männern der Wissenschaft begünstigt wird.«[57] Die FDA verdächtigte Reich auch, irgendein Sexgeschäft zu betreiben.

Die FDA erließ eine einstweilige Verfügung gegen den Akkumulator, die Reich aber missachtete. Infolgedessen wurde er zu zwei Jahren Gefängnis verurteilt, und einen Monat später wurden unter Aufsicht des FBI alle Akkumulatoren zerhackt und seine Bücher (insgesamt 251) verbrannt. Reich starb im folgenden Jahr im Gefängnis.

Vermächtnis: Unfreiwilliger Anführer der sexuellen Revolution

Aber Reich sollte bald wiederauferstehen. Als Ende der 1960er Jahre Studenten auf die Straßen strömten, verwandelte er sich in einen gegenkulturellen Superstar. Er war nicht mehr ein Geistesgestörter, sondern ein natürlicher Anführer für eine neue Gruppe von Freigeistern, die jede Autorität stürzen wollten. In Berlin schwenkten Demonstranten Raubkopien der *Massenpsychologie des Faschismus*. In Frankfurt wurden die Leute aufgefordert, »Reich zu lesen und entsprechend zu handeln«. Und in Paris wurden Reichsche Slogans wie »Totaler Orgasmus« an die Wände der Sorbonne gesprüht.

Reichs Popularität unter der bohemehaften Linken hatte schon viel früher begonnen. Bereits seit Ende der 1940er Jahre hatte er unter der antiautoritären Jugend Kultstatus, besonders bei den neuen Bohemiens, die begonnen hatten, Kalifornien zu erobern. In einem Artikel von 1947 für *Harper's Magazine* beschrieb Mildred Edie Brady diese Neulinge als eine »andere Masse« mit »Bärten und Sandalen«, die »Cordhosen und schwarze Hemden« trugen. Diese jungen Bohemiens lebten in »Räumen ohne Teppich«, mit »abstrakten Gemälden an rauen Bretterwänden, Dosenmilch und Pumpernickel auf einem einfachen Holztisch, Keramikaschenbecher und geöffnete Bücher auf einer Verpackungskiste«. Ihre Lieblingswörter seien »affektiv«, »fruchtbar«, »orgastisch«, »magisch«, »fluid« und »natürlich«. Sie verbanden Anarchismus und Psychoanalyse, um ihre eigene Philosophie zu formen – »meinen einerseits, dass man die Kirche, den Staat und die Familie abschaffen muss« und »preisen dann andererseits Sex als die Quelle individueller Erlösung in einer kollektiven Welt, die zur Hölle fährt.«[58] Für diese Generation, die gegen bürgerliche Moral revoltierte, war Freud völlig passé. Carl Gustav Jung stellte eine anziehendere Alternative dar. Aber der ultimative Held war Reich. Brady zufolge war Reichs *Die Funktion des Orgasmus* »wahrscheinlich die meist gelesene und am häufigsten zitierte Gegenwartsliteratur in diesen Kreisen«.[59] Folgte man Reich, konnte man Politik mit Sex verbinden, obwohl den meisten Anarchismus nur als bequemer Vorwand diente, um jemanden flachzulegen. Der zentrale Glaubenssatz für die jungen Bohemiens war eine Version der Reichschen These:

> »Wenn alle anderen so gesund wären wie du selbst, statt wie die meisten von ihnen an der seelischen Pest zu leiden, gäbe es keinen Bedarf für künstlichen Zwang, gesetzliche Verbote oder für sonst etwas aus der repressiven Staatsmaschinerie. Jeder würde sich auf gesunde Weise selbst regulieren. Alle würden frei und spontan auf ›das natürliche biologische Gesetz‹ reagieren. Mit anderen Worten, durch umfassende orgastische Potenz, durch eine gonadale Revolution würden wir die Idealwelt des philosophischen Anarchisten schaffen.«[60]

Als Bradys Artikel 1947 erschien, waren die jungen Bohemiens in Kalifornien noch gering an Zahl, und ihr Einfluss war begrenzt. Aber das sollte sich bald ändern. In den nächsten zwei Jahrzehnten, als die amerikanische Gegenkultur explodierte, wurde Kalifornien ihre Hauptbühne. In einem prophetischen Essay von 1957 behauptete Norman Mailer, dass »der kleinliche, geheuchelte Konformismus der Masse« zu einem Ende komme. »Wahrscheinlich würde dann eine Zeit der Gewalttätigkeit, neuer Hysterie, Verwirrung und Rebellion die Zeit des Konformismus ablösen.«[61] Mailer meinte, dass es in Folge des Zweiten Weltkriegs mit Millionen in Konzentrationslagern ermordeten Menschen unmöglich geworden sei, »noch den Mut aufzubringen, ein Individuum zu sein«. Die Nachkriegsjahre waren Jahre der Konventionalität und Depression, die die amerikanische Bevölkerung dazu brachten, »an einem kollektiven Nervenversagen zu leiden«.[62] Aber all das, so Mailer, war im Begriff, sich zu ändern. Um sich selbst neu zu erfinden, entwickelten Amerikaner ihre eigene Version des Existentialismus, angeführt vom Hipster oder »vom weißen Neger«, wie Mailer ihn auch nannte. Für den Hipster war es entscheidend, authentisch zu leben, und das hieß, man »musste sich von der Gesellschaft loslösen, keine Wurzeln schlagen und sich auf die Reise in noch unerforschte Gebiete zu den rebellischen Imperativen des Ichs begeben«.[63]

Einer der bedeutendsten Vorläufer dieser Generation, konstatierte Mailer, war Wilhelm Reich. Reichs exzentrische Methoden der Analyse und seine Orgonakkumulatoren stellten eine klare Alternative zu den Konventionen der Psychoanalyse dar, besonders jene Art der Analyse, die darauf abzielte, Patienten funktionsfähiger und infolgedessen konformistisch zu machen. Das Gefährliche bei dieser Analyse bestand nach Mailers Auffassung darin, dass sie die Patienten ruhigstellte und zermürbte. Der Patient wurde »weniger schlecht, weniger gut, weniger aufgeweckt, weniger eigenwillig, weniger destruktiv und weniger kreativ« gemacht. Am Ende der Analyse war er in der Lage, »sich der widerspruchsvollen und unerträglichen Gesellschaft anzupassen, die seine Neurose überhaupt erst hervorgebracht hatte«.[64] Anstatt dem Patienten eine neue, gestärkte Individualität zu geben, machte die Analyse ihn empfindungslos, betäubt und müde. Sie half ihm dabei, »sich dem anzupassen, was er verabscheut, weil er das leidenschaftliche Gefühl des Abscheus nicht mehr so intensiv verspürt.«[65]

Das Ziel von Reichs Theorien und Praktiken dagegen war es, die Menschen gedeihen zu lassen, indem sie sich von den Ketten des Konformismus befreiten. Reichs Therapie, die einen befähigte, einen vollen Orgasmus zu erreichen, war perfekt geeignet für den Hipster, der nach Mailer »im Kern seines Wesens weiß, daß ein guter Orgasmus seine Möglichkeiten steigert und ein schlechter Orgasmus ihn zum Gefangenen macht«.[66]

Der andere intellektuelle Vorläufer dieser Generation neben Reich war der Schriftsteller Henry Miller. Miller, dessen sexuell eindeutige Bücher in Amerika verboten waren, war einer der ersten Bohemiens mit Kultstatus, der sich in Kalifornien niederließ. Kurz nach der Rückkehr aus seinem zehnjährigen Exil in Europa hatte Miller die pittoreske Gegend von Big Sur zwischen Los Angeles und Monterey entdeckt und sich in sie verliebt. Mit Miller als ständigem Bewohner entwickelte Big Sur schnell einen guten Ruf unter der neuen Gruppe von Bohemiens. Mit den Worten des Historikers Jeffrey J. Kripal »etablierte Miller eine legendäre literarische Präsenz in Big Sur, die den Ort als ein Mekka des Sex, verbotener Literatur und politischer Anarchie auswies«.[67] Im Jahr 1957, nachdem er mehr als ein Jahrzehnt in der Gegend gelebt hatte, veröffentlichte Miller ein Buch über Big Sur, in dem er seine ungeteilte Liebe zu dem Ort erklärte. Der explizit sexuelle Inhalt, der seine früheren Romane auszeichnete, war nun verschwunden, und an seine Stelle trat das, was Kripal einen »panerotischen Naturmystizismus«[68] nennt.

Als sich immer mehr Freunde Miller in Big Sur anschlossen, erhielt der ländliche Ort in einigen Zirkeln den Namen »West Greenwich Village«.[69] Und im Jahr 1962, als Michael Murphy und Richard Price, zwei Absolventen der Universität Stanford, auf einem großen Grundstück das Esalen Institute eröffneten, wurde die Region ein Hotspot für freiheitsliebende Amerikaner. Das erste Seminar organisierte Alan Watts, dessen experimentelle Arbeit eine unorthodoxe Fusion von westlicher Psychologie und Tantrismus war.[70] Während des Frühlings 1962 begannen Price und Murphy damit, mehr Seminare zu organisieren, und im Sommer jenes Jahres, als sie das Programm für den Herbst zusammenstellten, entschieden sie, dass das Thema menschliche Potentialität sein sollte, ein Begriff, den Price bei einer Vorlesung aufgegriffen hatte, die Aldous Huxley zwei Jahre zuvor an der University of California, San Francisco Medical Center, gehalten hatte. In jener Vorlesung, die den Titel »Human Potentialities« trug, hatte Huxley argumentiert, dass die Menschen riesige spirituelle und intellektuelle Ressourcen in sich hätten, von denen nie richtig Gebrauch gemacht werde.

Die Seminare, die in jenem Herbst in Esalen angeboten wurden, schlossen Diskussionen über Parapsychologie, bewusstseinserweiternde Drogen, das Okkulte, Behaviorismus, Kunst und Religion ein. Der Ort wurde ein Sammelbecken für neue experimentelle Ideen, die die Philosophie und Psychologie von Mesmer, Swedenborg, Jung und Freud mit traditioneller christlicher Religion und östlichem Mystik verbanden. Gedrängt, sich selbst zu definieren, nannten Murphy und Price ihr Institut »ein alternatives Bildungszentrum, das sich der Erforschung des Humanpotentials widmet«.

Im Laufe des nächsten Jahrzehnts kam ein Aufgebot an prominenten Leuten zu dem Institut, darunter Carl Rogers, Abraham Maslow, Alan Watts, Aldous Huxley und Gerald Heard. Sie bildeten später das Human Potential Movement, ein Name, der 1965 von John Leonard, Redakteur des Magazins *Look*, geprägt wurde.[71]

Aber niemand sollte Esalen so bestimmen, wie Fritz Perls es tat. Perls hatte sich während der 1930er Jahre drei Jahre lang von Reich analysieren lassen.[72] Später eignete er sich Reichs Ideen über Orgasmus und Politik an und machte, mit seinen Worten, »eine Art phallischer Religion daraus«.[73]

1964 nahm Perls ständigen Wohnsitz auf dem Gelände des Esalen Instituts. Er war bereits in seinen Siebzigern und weithin bekannt für seine Pionierarbeit in der Gestalttherapie. Bei seiner Ankunft »trug er Hemd und Sportjackett«, die er bald gegen »knallbunte Overalls« austauschte. Er »ließ seinen Bart und die Haare so lang wachsen, dass er einem verlotterten Weihnachtsmann ähnelte. Seine Frau Laura Perls beschrieb ihn als ›halb Prophet, halb Penner‹.«[74]

Was Perls für unser Thema interessant macht, das ist nicht nur seine Verbindung zu Reich, sondern auch wie seine Therapie die Phantasie veranschaulicht, dass die Befreiung des Ichs von allen Zwängen ein Weg sei, um geheilt zu werden.

In Esalen gab er Wochenendkurse in Gestalttherapie für 46 Dollar pro Person. In einer Broschüre von 1964 ist zu lesen:

> »Dr. Perls wird das Konzept erklären, das der Gestalttherapie zugrunde liegt, und einige Methoden vorstellen, die er entwickelt hat, um Achtsamkeit zu erhöhen und destruktive Spaltungen des Selbst zu heilen. Zu diesen Methoden gehört die Anwendung des Dialogs (zwischen Therapeut und Patient und zwischen Aspekten des Selbst).«

In Praxis bedeutete das, dass während einer Sitzung ein Freiwilliger neben Perls Platz nahm. Dieser Stuhl hieß »der Schleudersitz«. Das Ziel bestand darin, die Abwehrmechanismen der Person zu durchbrechen. Sie wurde aufgefordert, ihre Träume zu beschreiben und dann verschiedene Gestalten aus dem Traum auszuagieren. Das Ergebnis war ein emotional aufgeladenes Ein-Personen-Psychodrama. Man durfte schreien und brüllen, und am Ende der Sitzung wurde erwartet, dass die Person Perls' Stirn küsste.

Auch wenn Perls nicht viel von Philosophie hielt – er nannte sie gerne »Mindfuck« oder »Elefantenscheiße«[75] – hatte seine Seminarschulung doch eine eigenwillige philosophische Grundlage. Die Menschen sollten verstehen, dass das Leben ein langer Theaterakt war und dass sie alle Schauspieler waren. Nur durch die Anerkennung dieser Wahrheit wurden sie fähig, Eigenverantwortung für ihr Leben zu übernehmen. Wie Kripal erläutert, »geht es darum, dass die Individuen ihres eigenen Drehbuchs bewusst werden, sich weigern, nach einem fremden Skript zu leben, und die volle Verantwortung für ihre selbstgewählte Vorführung übernehmen«.[76]

Wie Reich wollte Perls die unauthentischen Schichten der Persönlichkeit durchbrechen, die angeblich die wahre Natur ihres Wesens verdeckten. Indem dieses verborgene Selbst zum Vorschein kam, wollte Perls seine Klienten »ganz« und »authentischer« machen. Er verglich seine Technik mit Gehirnwäsche, womit er nicht Indoktrination meinte, sondern »all den mentalen Dreck, den wir mit uns tragen, aus dem Gehirn waschen«.[77] Jeder Workshop begann damit, dass die Teilnehmer das Gestalt-Gebet lasen und Sätze wiederholten wie »Ich bin nicht in dieser Welt, um eure Erwartungen zu erfüllen« und »Du bist du, und ich bin ich«.

Im Laufe der 1960er und 1970er Jahre strömten Tausende von Menschen zu den Selbstentwicklungszentren überall in den USA in der Hoffnung, ihr inneres Selbst zu entdecken. Bestimmend war für viele dieser Schulungszentren Reichs Begriff der sexuellen Befreiung. Was noch ein Jahrzehnt zuvor als falsche und widerwärtige Ideen über das menschliche Selbst galt, war nun in eine neue Version des amerikanischen Traums und der Suche nach Selbstverwirklichung integriert. Aber Reichs Ideen waren nicht nur sichtbar in den lautstarken Massen von Demonstranten, bei gegenkulturellen Hippies und mit LSD handelnden Antiautoritären. Sie waren auch von der Mainstream-Psychologie akzeptiert. Während der 1930er Jahre war die Therapie damit beschäftigt, Wege zu finden, wie die Menschen an die Normalität angepasst werden konnten. Wie der Historiker Jackson Lears feststellte, begann die Psychoanalyse nun, »statt an der Beseitigung eines spezifischen Symptoms an der Verbesserung der völligen Anpassung des Patienten an den Alltag zu arbeiten«.[78]

Ein besonderer Zweig der Psychoanalyse, bekannt als Ich-Psychologie, hatte sich Reichs Methode, die Abwehrmechanismen von Patienten zu analysieren, angeeignet. Indem sich dieser Zweig der Psychologie den Kernwerten der amerikanischen Kultur anpasste, wurde sie die dominierende therapeutische Praxis in den 1950er Jahren.[79] Sie hatte ein post-freudianisches Konzept des Selbst entwickelt, das auf der Annahme gründete, es gebe eine konfliktfreie Zone innerhalb des Ichs. Aufgabe der Therapie war es, diese Zone zu lokalisieren und dem Individuum bei der Entwicklung eines starken und autonomen Ichs zu helfen. Durch die Förderung dieser neuen Form der Therapie waren Analytiker in der Lage, den Patienten mehr als »gemeines Unglück« (Freud) anzubieten.

Aber als Authentizität und sexuelle Befreiung neue Ziele unter vielen Amerikanern wurden, fiel es selbst der »glücksorientierten« Version der freudschen Analyse schwer, Menschen anzuziehen. Sie war zu teuer, erforderte zu viel Zeit und brachte nicht genug konkrete Ergebnisse. In der Zwischenzeit tauchten in den USA neue humanistische Psychotherapien auf. Im Gegensatz zur freudschen Analyse waren sie besser auf den Zeitgeist eingestellt, und ihre Praktiker wie zum Beispiel Carl Rogers und Abraham Maslow waren besser gerüstet, den dringenderen Bedürfnissen der Menschen gerecht zu werden. In ihrem Buch *One Nation Under Therapy* beschrieben die Philosophin Christina Hoff Sommers und die Psychiaterin Sally Satel diese »humanistische« Psychologie als Reaktion auf den Freudianismus und seine unermüdliche Konzentration auf die menschliche Psychopathologie.[80] Diese Therapeuten gaben sich in Bezug auf Glück optimistischer als Freudianer und bchaupteten, dass ihre Therapie dazu in der Lage war, Selbsterfüllung zu erreichen. Und besser noch, sie musste nicht teuer sein oder lange dauern.

Nur ein Jahrzehnt nach Reichs Tod im Jahre 1957 waren seine Ideen sowohl in den neuen therapeutischen Bewegungen als auch bei den sich selbst erforschenden Bohemiens in Kalifornien eingemeindet. Die Glücksphantasie, die auf dem Streben nach dem authentischen Selbstsein und nach sexueller Lust basierte, wurde nicht mehr für die Vorstellung eines Verrückten gehalten. Seine Ideen waren im Mainstream aufgegangen. Aber das war nur der Anfang. Wie wir im nächsten Kapitel sehen werden, beeinflusste diese besondere Vorstellung von dem, was es bedeutete, ein glückliches und erfülltes Leben zu führen, alle möglichen Bereiche und führte nicht nur zu neuen Arbeitsweisen, sondern auch zu neuen Formen des Selbstbezugs, die das einleiteten, was ich einen erzwungenen Narzissmus nenne.

Erzwungener Narzissmus

»Wie sollte ein Mensch sein? Manchmal frage ich mich das und komme nicht umhin, so zu antworten: wie eine Berühmtheit.«
Sheila Heti, *Wie sollten wir sein?*[1]

Die Ich-Dekade

Im Jahr 1976 veröffentlichte Tom Wolfe einen langen Essay im Magazine *New York* unter der Überschrift »The ›Me‹ Decade and the Third Great Awakening«.[2] Auf dem Titelblatt des Magazins sehen wir neunundzwanzig meist weiße Männer und Frauen eng zusammen in gelben T-Shirts mit dem Wort »Me« auf der Brust. Sie blicken alle in die Kamera und richten den Zeigefinger auf sich selbst, als hätten sie gerade im WM-Finale ein Tor in letzter Minute geschossen.

Das Wort »Narzissmus« kommt aus der griechischen Mythologie und der Geschichte des schönen jungen Narziss, der von der Göttin Nemesis, nachdem er die Nymphe Echo zurückgewiesen hat, mit dem Fluch belegt wird, sich in sein Spiegelbild zu verlieben, das er auf der Oberfläche eines Teiches erblickt. Er bleibt über sein

Spiegelbild gebeugt, bis er versteht, dass seine Liebe nie erwidert wird, und ertränkt sich. Der Mythos von Narziss ist viele Male nacherzählt worden, aber erst 1898 prägte der Sexologe Havelock Ellis den Begriff »Narzissmus« und bezog ihn auf »die Tendenz ... der sexuellen Emotionen, von der Bewunderung für die eigene Person absorbiert zu werden und sich manchmal völlig in dieser Bewunderung zu verlieren«.[3] In seiner Abhandlung »Zur Einführung in den Narzissmus« von 1914 konstatierte Freud, dass bei allen Kindern ein primärer Narzissmus vorhanden sei und er eine notwendige Phase in der sexuellen Entwicklung eines Kindes darstelle.[4]

In den 1970er Jahren beschäftigte der Begriff auch Leute außerhalb der Psychoanalyse, vor allem amerikanische Journalisten und Sozialkritiker, die nach einem Wort suchten, um zu beschreiben, was sie als eine wachsende Kultur der Selbstsucht wahrnahmen, eine Kultur, die offensichtlich aus der Desillusionierung der Sixties hervorgegangen war und die die Ideale der Selbstverwirklichung und Authentizität zelebrierte.

Diese Generation von Amerikanern bildeten gewöhnliche Männer und Frauen, die von dem ökonomischen Wachstum der vorausgegangenen Jahrzehnte profitiert hatten. Sie kamen in den Genuss materiellen und psychologischen Komforts. Der Kulturkritiker Philip Rieff sprach von einer »Fülle an Optionen«.[5]

Als diese Menschen den Übergang von der Knappheit zum Überfluss vollzogen, fiel ihnen nichts Besseres ein, als ihre Zeit und ihr Geld für die Beschäftigung auszugeben, sich zu entdecken und ihr inneres Selbst zu verwirklichen. Tom Wolfe zufolge begann alles mit dem Esalen Institute, das er als einen Ort beschrieb, zu dem Menschen gingen, um »Schmieröl für ihre Persönlichkeit« zu bekommen.

Die Glücksphantasie, die von radikalen Gruppen der sechziger Jahre propagiert wurde, hatte nun die Mittelklasse erreicht. Reichs Vorstellung von authentischem Selbstsein und sexueller Befreiung war nicht mehr mit Sozialismus und dem Verlangen, die Gesellschaft zu revolutionieren, verbunden. Nun ging es darum, persönliches Glück zu erreichen.

Ja mehr noch, Selbstverwirklichung war nun der Weg zu höheren Einkommen und neuen Geschäftsmöglichkeiten. Teilnehmer der neuen Achtsamkeitskurse lernten, wie man erwarb und genoss, was einem vermeintlich rechtmäßig zustand. Die ursprüngliche Botschaft der menschlichen Potentialität, wie etwa Huxley sie entwickelt hatte, verwandelte sich nun in einen Kult der Selbstsucht. Diese Transformation wurde angeführt von cleveren Geschäftsleuten und Motivationsgurus, die in ihrer Vorstellung von Humanpotential das Streben nach Glück und Selbstverwirklichung mit einem Drang nach beruflichem Erfolg und Reichtum verbanden.

Die Anfangsszene von Wolfes Essay stammte von einem dieser Orte, einem Programm namens Erhard Seminar Training (oder »est«, geschrieben in Kleinbuchstaben), wo Hunderte von Menschen auf dem Boden eines Hotelsaals lagen. Jeder Teilnehmer schrie laut, was er oder sie aus ihrem Leben eliminieren wollten. Einige wünschten sich die Trennung von ihrem Ehemann oder ihrer Ehefrau. Andere hofften, ihre Homosexualität und ihren Selbsthass loszuwerden, wieder andere ihre Impotenz oder Alkoholsucht.

Zwischen 1971 und 1984 kamen 700000 Menschen zu est, um zu lernen, wie man die volle Verantwortung für seine Handlungen und Umstände übernimmt. Wenn am Ende die Teilnehmer »es kapiert« hatten, verstanden sie, dass sie keine Opfer der Gesellschaft waren.

Werner Erhard – sein Aufstieg

Im Jahr 1953 heiratete der achtzehnjährige John Paul Rosenberg. Sechs Jahre später, inzwischen Vater von vier Kindern, verließ er seine Familie in Philadelphia. Er nahm einen neuen Namen an, Werner Erhard, und zog nach San Francisco, wo er sich mit dem Verkauf von Enzyklopädien durchschlug. Mitte der 1960er Jahre war Kalifornien ein pulsierender Ort für spirituelle Abenteuer, Drogenexperimente und persönliche Freiheit geworden. Seit seiner Gründung 1962 war das Esalen Institute exponentiell gewachsen. Gab es im ersten Jahr nur vier Kurse, wurden 1965 mehr als zwanzig angeboten. Auf dem Höhepunkt, im Jahr 1968, waren es mehr als 129 Kurse.[6]

Als gewiefter Verkäufer verstand Erhard, dass dies ein unerschlossener Markt war, der nur darauf wartete, ausgeschöpft zu werden. In seinem wenig schmeichelhaften Porträt Erhards mit dem Titel *Outrageous Betrayal: The Dark Journey of Werner Erhard from est to Exile* schreibt Steven Pressman: »Werner Erhard, der in der aufreibenden Welt des Haustürgeschäfts lebte, erkannte schnell das Potential einer symbiotischen Verbindung zwischen Kommerzialisierung und den freifließenden Ideen des Human Potential Movement, das sich überall in San Francisco explosionsartig auszubreiten schien.«[7]

Während Erhard selbst nie an den Workshops in Esalen teilnahm, hatte ihm Alan Watts Radioprogramm über Zen-Buddhismus sehr beeindruckt. Alan Watts war einer der ersten und auch populärsten Gurus im Institut. Er verband östliche Mystik mit dem Genuss von Halluzinogenen und einem Verlangen nach persönlicher Freiheit. Ein weiterer wichtiger Einfluss war Fritz Perls mit seiner

Gestalttherapie. Als Erhard später seine eigenen Konfrontationsmethoden entwickelte und den Panzer der Kursteilnehmer aufzubrechen versuchte, bediente er sich vieler der Methoden Perls', einschließlich des berüchtigten »Schleudersitzes«.

Neben Watts und Perls wurde Erhard von der klassischen Selbsthilfeliteratur der 1930er Jahre stark inspiriert, wie etwa Napoleon Hills Blockbuster-Manifest *Denke nach und werde reich* und Dale Carnegies Bestseller *Wie man Freunde gewinnt: Die Kunst, beliebt und einflussreich zu sein.*[8] In diesen Büchern fand Erhard ein anziehendes Image des willensstarken Individuums und seiner erstaunlichen Fähigkeiten, Berge zu versetzen, Umstände zu verändern und wichtige Geschäfte abzuschließen. Ein weiterer Einfluss war Scientology. In der zweiten Hälfte des Jahres 1968 meldete sich Erhard dort für die einführenden Kommunikationskurse an. Die nächsten zwei Jahre engagierte er sich für Scientology, wenn auch nur halbherzig. Im Dezember 1970, als er sich aktiver an der Vermarktung ihrer Kurse beteiligen sollte, stieg er plötzlich aus. Stattdessen trat er einer Firma für Pyramidenverkäufe namens Holiday Magic bei, die neben ihrer reichen Palette an Produkten und Services auch ein intensives Motivationstraining namens Mind Dynamics anbot. Erhard hatte an dieser Schulung teilgenommen und wurde dann selbst Dozent. Im Januar 1971, nachdem er die Konzession für San Francisco erhalten hatte, nahmen an seinem ersten offiziellen Schulungsseminar in einem Holiday Inn Hotel zweiunddreißig Studenten teil.[9] Es wurde ein bemerkenswerter Erfolg. Im Gegensatz zu seinen Mitunterrichtenden, die es kaum schafften, mehr als dreißig Leute für ihre Kurse zu gewinnen, zog Erhard bald mehr als hundert Teilnehmer an.[10]

Überzeugt davon, dass er allein besser dran war, verließ

Erhard Mind Dynamics und eröffnete sein eigenes unabhängiges Unternehmen. Er nannte es Erhard Seminar Training, aber zog es vor, nur die Abkürzung est zu verwenden, weil est auf Lateinisch »es ist« bedeutet, und Erhard dachte, dass das Wort »ist« in seiner Einfachheit ziemlich gut die Schlüsseleinsichten des Schulungsprogramms widerspiegelte. An dem letzten Tag des intensiven viertägigen Programms wurde von den Teilnehmern erwartet, dass sie die Botschaft voll in sich aufgenommen hatten, die lautete: »Was ist, ist, und was nicht ist, ist nicht. Du bist, was du bist.«[11]

est wurde auf Anhieb ein Erfolg und fand schnell große Verbreitung.

Erhards Schulungsprogramm griff zweifellos auf die mystischen und spirituellen Gedanken seiner Vorläufer im Esalen Institute zurück. Aber er fügte ein pragmatisches Element hinzu. Die Teilnahme an einem Seminar war nicht nur eine nützliche Erfahrung für Seele und Geist, sondern sollte auch etwas Konkretes erreichen. Und genau das schien viele Menschen anzusprechen: dass die Programme intensiv und praxisnah waren und versprachen, die Teilnehmer effizienter und erfolgreicher zu machen.

Die Schulung fand typischerweise in großen Hotelsälen statt. Die Teilnehmer, die jeder 250 Dollar bezahlt hatten, kamen für ein intensives Wochenende zusammen und dann noch einmal für zwei zusätzliche Tage am folgenden Wochenende, um ihre Schulung abzuschließen. Am ersten Tag, nachdem alle Anwesenden ihre Plätze eingenommen hatten, begann einer von Erhards Mitarbeitern, eine lange Liste von Regeln vorzulesen. Die Teilnehmer durften ihre Plätze nicht verlassen, nicht einmal zur Toilette gehen (ausgenommen während kurzer Unterbrechungen). Trinken und Essen war nicht erlaubt. Sie begannen um 9 Uhr vormittags und fuhren fort bis mindestens Mitternacht, manchmal sogar bis 4 Uhr morgens. Es gab nur eine Essenspause.

Und dann, nachdem der Assistent die Regeln vorgelesen hatte, stürmte Erhard in den Raum, ergriff ein Mikrofon und begann mit den folgenden aufrüttelnden Worten:

> IN DIESER SCHULUNG WERDET IHR
> HERAUSFINDEN DASS IHR EUCH WIE
> ARSCHLÖCHER VERHALTEN HABT.
> MIT ALL EURER VERDAMMTEN
> CLEVERNESS UND SELBSTTÄUSCHUNG
> HABT IHR NICHTS ERREICHT.[12]

Der Beginn war heftig. Er bestand aus einer stundenlangen Sitzung mit verbalen Beleidigungen. Den Teilnehmern wurde gesagt, dass sie »alle wertlose Kreaturen sind, die sich an Überzeugungen über sich selbst und ihr Leben klammern, die in lächerlichen Vorstellungen über Vernunft, Logik und Verstehen wurzeln.«[13]

Es war in der Tat ein langer Tag, und am Ende der fünfzehnstündigen Schulung legten sich alle Teilnehmer auf den Boden, die Augen geschlossen und versunken in Meditationsaufgaben, die »Prozesse« genannt wurden. Angeblich befähigte das die Teilnehmer, »ihre eigenen Erfahrungen zu kreieren.«[14]

Tag Zwei widmete sich der Wahrheit. Hier wandte Erhard Methoden an, die er während seiner Beschäftigungen bei Scientology und Mind Dynamics aufgeschnappt hatte. Man könnte es als eine Massentherapiesitzung beschreiben, wo alle Teilnehmer mit geschlossenen Augen auf dem Boden lagen und jeder sich auf eine besondere Sache konzentrierte, von der er oder sie sich befreien wollte. In einer Meditation, die von Fritz Perls'

Techniken inspiriert war, wurden die Teilnehmer aufgefordert, in der Zeit zurückzureisen und die dunklen Ecken ihres Gedächtnisses zu durchforschen, wobei sie die irritierenden Sachen aufspüren und identifizieren sollten, die sie am meisten loswerden wollten. In seinem Essay schilderte Wolfe einen Besuch bei est. Er beschrieb, wie Menschen schrien und brüllten, wenn sie sich mit ihren Dämonen konfrontiert sahen. Andere übergaben sich. Brechtüten waren vorhanden. »Als eine Frau anfängt zu stöhnen«, fuhr Wolfe fort, »geschieht etwas Unglaubliches und Aufregendes. Eine Welle des Stöhnens geht durch die Menschen, die um die Frau herum liegen, als ob ihre Energie wie ein Radarimpuls ausstrahlte.« Dann verwandelte sich ihr »Klagelaut« in einen echten Schrei, als hätte sie nie zuvor geschrien, und dieser Schrei breitete sich »über den Klagen und dem abebbenden Gestöhne von Seele zu Seele« aus.[15]

Der zweite Tag endete mit einer Reihe von Übungen, »bullbaiting«, »confronting« und »danger process‹ genannt, wo die Teilnehmer auf eine Bühne klettern und von einem Mitarbeiter Erhards Auge in Auge einen Schwall an Beleidigungen über sich ergehen lassen mussten. Dann kehrten sie zurück auf den Teppich und stellten sich vor, dass sie Todesangst vor allen anderen Menschen hatten. Und zu diesem Zeitpunkt, als sie an den Rand des Nervenzusammenbruchs getrieben waren, kam die langerwartete Wende. Nun sollten sie sich vorstellen, dass jeder andere Angst vor *ihnen* hatte. Sogleich stellte sich ein Gefühl der Erleichterung ein mit der Erkenntnis, dass Angst rein imaginär war, eine Konstruktion im Kopf, von der sie sich befreien konnten.

Eine Woche später versammelte sich dieselbe Menge für einen dritten Schulungstag, der aus einer Reihe langer, von Erhard gehaltener Vorträge bestand. Auf eine schwindelerregende Anzahl an Quellen zurückgreifend, lieferte er seine idiosynkratische Philosophie, die darauf abzielte, die Zuhörer zu provozieren, damit sie rücksichtlos alles überdachten, was sie zuvor für wirklich oder unwirklich gehalten hatten. Der vierte und letzte Tag ging weiter mit einem langen Vortrag, der bis zu zehn Stunden dauern konnte und in der Weisheit kulminierte: »Du bist, was du bist, und du bist für alles verantwortlich, was du tust.«[16]

est wurde ein immens populäres Schulungsprogramm, aber nicht alle Teilnehmer waren zufrieden. Als jemand gefragt wurde, ob er in den Sitzungen irgendetwas gelernt habe, bejahte er: »Ich habe gelernt, vor 250 Menschen zu stehen und zu sagen, ihr seid nichts als ein Haufen verdammter Arschlöcher.«[17] Aber das Programm war schlauerweise so konzipiert, dass sich alle Teilnehmer einbezogen fühlten. Jeder bestand den Test und »kapierte« schließlich, besonders diejenigen, die sich zu Beginn schwertaten, den Sinn zu verstehen. »Hast du's kapiert?« wurden sie am Ende der viertägigen Schulung gefragt. Viele hoben zustimmend die Arme und sagten, sie hätten die Botschaft begriffen. Aber oft gab es Menschen im Publikum, die sagten, sie hätten »es nicht kapiert«. »Gut«, lautete die Antwort, die sie in einer pseudowittgensteinschen Wende erhielten. »Es gibt nichts zu verstehen, also hast du's verstanden.«[18]

1975 veröffentlichte der Journalist Peter Marin in *Harper's Magazine* einen Artikel mit dem Titel »Der neue Narzissmus«, in dem er vor dem Aufkommen einer neuen Art solipsistischer Kultur warnte, »zentriert allein um das Selbst und mit dem individuellen Überleben als einzig Gutem«. Marin erzählt von einem Tischgespräch mit einer Frau, die gerade von einem Wochenende bei est zurückgekommen war. Sie sagte, »ihr Leben hat sich radikal verändert, dass sie sich anders fühlt, dass sie glücklicher und effizienter ist und dass sie ihr Haus viel sauberer hält als zuvor«. Gelernt hatte sie bei dem Seminar: »(1) dass der Individualwille allmächtig ist und sein Schicksal total bestimmt; (2) dass sie weder Schuld noch Scham über das Schicksal eines anderen empfindet und dass diejenigen, die arm und hungrig sind, es sich selbst gewünscht haben.«[19] Marin listet sieben weitere Erkenntnisse auf, die die Frau während ihres Aufenthalts bei est gewonnen hatte. Unter anderem hatte sie gelernt, dass die Nordvietnamesen danach verlangt hatten, bombardiert zu werden; dass eine Freundin von ihr, die vergewaltigt und ermordet worden war, es sich selbst zuzuschreiben hatte; dass sie nun völlig erleuchtet war, eine Art Göttin; und dass, was auch immer du *für wahr hältst*, wahr *ist*, weil Vernunft irrational ist. Schließlich riet sie Marin, dass er auch zu est gehen solle.

Die Absicht von est war es, Menschen dabei zu helfen, sich von dem emotionalen Zwängen zu befreien, die sie sich selbst auferlegten. Sie lernten, wie man aufhörte, Sklave äußerer Umständen zu sein. Um die Terminologie von Wilhelm Reich zu verwenden, wurden sie angewiesen, den »kleinen Mann« in sich zu töten und fähig zu werden, Eigenverantwortung für ihr Leben zu übernehmen. »Ich habe Angst vor dir, kleiner Mann, weil du nichts so sehr fliehst wie dich selbst«, schrieb Reich, »du bist krank, sehr krank, kleiner Mann. Es ist nicht deine Schuld; aber es ist deine Verantwortung, dich von deiner Krankheit zu befreien.«[20] Reich beklagte, dass der kleine Mann sich weigert, Verantwortung für seine Handlungen zu übernehmen. Er ist sexuell frustriert, und ihm fehlt der Mut, ein authentisches Leben zu führen. Der kleine Mann hat ständig Angst vor sich selbst und vor anderen. In seinen Seminaren sollte den Teilnehmern, wie Erhard es ausdrückte, abtrainiert werden, Angst zu haben. Sie mussten verlernen, ein kleiner Mann zu sein. Am Ende der Schulung sollte sich ihre Lebenseinstellung verwandeln, so dass »die Situationen, die ihr versucht habt zu ändern oder mit denen ihr euch abgefunden habt, im Prozess des Lebens einfach verschwinden.«[21]

Aber dieses Beharren auf der individuellen Verantwortung erreichte groteske Tiefen. Pressman beschreibt, wie in einer der Sitzungen

> »Erhard versuchte, eine teilnehmende Holocaust-Überlebende zu überzeugen, dass sie – samt den Familienmitgliedern, die in einem Todeslager der Nazis umgekommen waren – für ihre schlimme Lage selbst verantwortlich war. Weder die Nazis noch Hitler, sagte Erhard später, schufen ihre (der Frau) ›Erfahrung‹ des Konzentrationslagers. Sie sei nur eine Illusion. Die Wirklichkeit, sagte Erhard, sei es eben, dass die Frau ihre Holocaust-Erfahrung selbst geschaffen habe.«[22]

Als einer der Teilnehmer fragte, was die Frau hätte tun können, um ihr Schicksal zu vermeiden, antwortete Erhard etwas rätselhaft: »Wie konnte das Licht aus sein, wenn es eingeschaltet ist? Die Frage ist total dumm.«[23]

Während der 1970er Jahre, als die Leute in Scharen zu Schulungsprogrammen wie est strömten, nahm die Glücksphantasie eine neue Bedeutung an. Reichs Beharren auf authentischem Selbstsein und sexueller Befreiung, die in den sechziger Jahren als radikale Ideen gegen staatliche Repression propagiert wurden, präsentierte sich nun als ein Weg zu persönlicher Freiheit und finanziellem Erfolg. Das Ziel war, den Einzelnen von allen seinen mentalen Konstrukten zu befreien. Alle Individuen sollten die Freiheit haben zu sein, was sie sein wollten. Sie konnten jederzeit tun, was Erhard getan hatte, und ihren Namen ändern und in ein Flugzeug springen. Er war der lebende Beweis, dass es möglich war, sein Leben zu verändern. Da es außer ihren mentalen Konstrukten keine Einschränkungen gab, hatten die Teilnehmer keinen legitimen Grund, irgendjemanden, vor allem nicht sich selbst zu bemitleiden.

Mehr als ein Weg zu persönlicher Befreiung ist die Vorstellung einer Welt ohne Opfer zentral für die neoliberale Phantasie, nach der alle Menschen die gleichen Möglichkeiten haben, unabhängig von ihrer Situation glücklich und erfolgreich zu werden. Diese Vorstellung ist nicht nur beliebt bei rechts stehenden Politikern wie Donald Trump, sondern auch bei Selbsthilfegurus wie Oprah Winfrey.

Die Grausamkeit der Inspirationsbotschaften

Im Sommer 2015, als sie an einem McDonald's Restaurant auf den Philippinen vorbeiging, erblickte die Medizinstudentin Joyce Torrefranca einen Jungen, der draußen saß und auf einem improvisierte Tisch seine Schulaufgaben machte. Es war spät am Abend, aber der Junge konnte in dem Licht aus dem Restaurant lesen und schreiben. Bewegt von der Szene, machte Torrefranca ein Foto und postete es auf Facebook. »Mich als Studentin«, schrieb sie, »traf es einfach tief, aber wie.«

Das war das perfekte Image der Glücksphantasie. Daniel Cabrera war ein neunjähriger Junge ohne Zuhause. Nachdem sein Haus abgebrannt war, hatte er mit seiner Mutter und zwei Brüdern in einem Imbissstand gelebt.

Sein Vater war tot. In Berichten hieß es, er besitze nur einen Schreibstift. Er hatte früher zwei, aber der zweite Stift war ihm gestohlen worden.

Torrefranca war nicht die einzige, die diese Geschichte berührte. Als sie viral wurde, boten viele Menschen Hilfe an. Er bekam Bücher und Blei- und Buntstifte. Jemand gab ihm eine batteriegetriebene Lampe, so dass er seine Hausaufgaben nicht mehr auf einem Parkplatz machen musste. Eine Spendenseite wurde eingerichtet, um die Kosten für seine Schulbildung zu bezahlen.

Aber für manche trug die Geschichte auch eine bedeutsame moralische Botschaft: Um im Leben Erfolg zu haben, sind Willenskraft und Entschlossenheit absolut entscheidend. Es war die gleiche Botschaft, die Werner Erhard bei est propagierte. Es gibt keine Opfer in der Welt. Unser Leben ist nie vorherbestimmt. Egal, wie schlecht die Umstände sind, es ist unsere Verantwortung, unser Leben zu gestalten.

Ein englisches Boulevardblatt meinte, man könne das Foto für erzieherische Zwecke nutzen. Es ermutigte Eltern, das Foto des fleißigen Jungen ihren Kindern beim nächsten Mal zu zeigen, wenn sie nörgelten oder sich beklagten. Auf ähnliche Weise verwandelte jemand online das Bild in eine Postkarte mit der motivierenden Unterschrift: »Wenn dir etwas wichtig ist, wirst du einen Weg finden. Wenn nicht, dann wirst du eine Ausrede finden.«

Wenn man es als Inspirationsbotschaft liest, erhält das Foto eine neue Bedeutung, als eine Erinnerung, dass es keine Ausreden für Versagen oder Armut gibt. Selbst wenn man arm ist und in einer schäbigen Unterkunft lebt, hat man die Wahl, sich aus der Zwangslage herauszuarbeiten. Man braucht nur Entschlossenheit, Willenskraft und die richtige »Das kann ich«-Haltung.

Die Botschaft, die Erhard zwischen den 1970er und 1980er Jahren unter 700000 Menschen verbreitete, lautete: Wir sind verantwortlich für alles, was uns widerfährt, einschließlich solcher Umstände wie ein abgebranntes Haus oder eine schäbige Unterkunft. »Von Krankheit und Leiden bis zu Autounfällen und Überfällen«, schreibt Pressmann über Erhard und die Botschaft, die er durch est übermittelte, »die Menschen allein verursachen all die Vorfälle und Episoden in ihrem Leben.« Da gab es »keinen Platz für Opfer oder Ausreden. Nur wenn seine Klienten akzeptierten, dass alle Menschen ›ihre eigene Realität schaffen‹, waren sie in der Lage, die Probleme zu lösen, die ihr Leben plagten.«[24]

Erhards Ideen sind bis heute einflussreich. Zwar schloss est formell im Jahr 1985, machte aber weiter unter dem Namen Forum und operiert noch immer unter der Marke Landmark Worldwide. An dessen Schulungskursen haben auch zahlreiche Prominente teilgenommen wie etwa Steven Spielberg, Barbra Streisand, Cher und Elizabeth Taylor. Es ist auch beliebt bei der heutigen Queen der Selbsthilfe, Oprah Winfrey, mit ihrer Werbung für eine Botschaft, die der von Erhard bemerkenswert ähnlich ist.

In ihrem Buch *The New Prophets of Capital* schildert Nicole Aschoff, wie Oprah 1994 erklärte, sie wolle ihrer populären Fernsehshow ein positiveres Gefühl hinzufügen. Anstatt sich nur darauf zu konzentrieren, was falsch im Leben der Menschen war, wollte sie konstruktive Strategien zur Ich-Verbesserung präsentieren. »Es ist an der Zeit, sich von ›Wir sind dysfunktional‹ zu ›Was werden wir dagegen tun?‹ weiterzubewegen.«

In dem Versuch, ihre Show positiver zu machen, holte sich Oprah Inspiration von der spirituellen Selbsthilfelehrerin Marianne Williamson. Als sie in der Show auftrat und ihre Message erläuterte, benutzte Williamson das Beispiel einer depressiven Mutter, die von Sozialhilfe lebte. Sie litt an der Unfähigkeit, ihre »Opfermentalität« aufzugeben, und ihr fehlte der Mut, sich vorzustellen, dass »ich in mir die Kraft habe, diese Einschränkungen zu durchbrechen«. In einer anderen Folge trat eine alleinerziehende Mutter auf und erklärte, sie verstehe nun, nachdem sie eine frühere Oprah-Show gesehen hatte, dass gefeuert zu werden kein Problem sei. Es war vielmehr etwas, für das sie dankbar sein sollte. Dazu bemerkte Oprah: »Jedes Mal, wenn du deinen Job verlierst, solltest du Danke sagen.«[25]

Wie Erhard verbreitet Oprah eine klassische Selbsthilfebotschaft, die mindestens bis auf Napoleon Hills 1937 veröffentlichtes Buch zurückgeführt werden kann. In *Denke nach und werde reich* schrieb Hill:

> »Es gibt Millionen von Menschen, die glauben, zu Armut und Scheitern ›verurteilt‹ zu sein aufgrund irgendeiner seltsamen Macht über sie, die sie vermeintlich nicht kontrollieren können. Wegen dieses negativen Glaubens sind sie der Schöpfer ihres eigenen ›Unglücks‹.«[26]

Wenn Oprah diese Botschaft in ihrer Show verkündet, tut sie das auf eine bewusst feminine und mitfühlende Weise. Entlassen zu werden, ist kein Problem; es ist eine Gelegenheit, daran zu wachsen. Der Verlust des Jobs kann der notwendige Anstoß sein, seine inneren Potentiale zu entdecken und zu erschließen. Wie Aschroff nahelegt, gehört Oprah zu den neuen Propheten des Kapitals, gerade weil sie ein individualistisches Selbsthilfe-Ethos mit der Logik des Kapitals verbindet, nach der der Einzelne als ein gehorsamer neoliberaler Akteur eine aktive Rolle in seiner eigenen Ausbeutung einnimmt und dabei so tut, als ob diese Aktivitäten vollkommen mit seinem inneren Verlangen übereinstimmten – als ein Ausdruck seiner Suche nach Authentizität.

Aber hier liegt ein interessantes Paradox vor: Einerseits werden die neoliberalen Akteure aufgefordert, den Blick nach innen zu richten und ihre inneren Ressourcen zu entdecken, andererseits sollen sie nach Gelegenheiten schauen, wo sie eben diese Ressourcen anpreisen und verkaufen können. Im Zeitalter des Kapitals haben wir unbegrenzte Möglichkeiten in uns verborgen, insoweit dass es unbegrenzte Möglichkeiten gibt, aus denen man Profit schlägt, indem sie in Waren verwandelt werden. Und eine Entlassung kann einem dabei helfen, zu dieser Erkenntnis zu kommen. Hinter unseren mentalen Selbstbeschränkungen gibt es endlose Möglichkeiten. Aber um sie zu finden, müssen wir aufhören, uns als Opfer zu sehen. In der Ausgabe vom Oktober 2013 des Magazins von Oprah werden Arbeitslose aufgefordert, nach ihren verborgenen Talenten zu suchen, ihre »Einzigartigkeit« zu nutzen und ihre »tolle Individualität« zu entwickeln.

Hier sehen wir, wie die Glücksphantasie in eine neoliberale Phantasie verwandelt wurde. Huxleys Traum vom menschlichen Potential, wie er ihn zu Beginn der 1960er Jahre ausdrückte, war ein Traum, in dem Menschen ungeachtet ihrer Verfassung ihre inneren Potentiale entwickeln und zum Aufblühen bringen konnten. Heutzutage sind die einzigen Unterschiede, die geduldet werden, solche, die kommerzialisiert werden können und Profit bringen.

Nun sind wir alle Narzissten

Auf dem Titelblatt des Magazins *Time* vom 20. Mai 2013 sehen wir eine junge Frau, die auf dem Bauch liegt und ein Selfie macht. Die Bildunterschrift lautet: »The Me Me Me Generation«.

Mit einem verstohlenen Zwinkern zu Tom Wolfes Essay von 1976 porträtierte dieser Artikel Millenials als träge und anspruchsberechtigte Narzissten. Er unterstellte, dass die Ich-Dekade der 1970er Jahre drei Jahrzehnte später in Gestalt der internetbasierten Ich-Generation zurückgekehrt war. Aber war es fair, diese zwei Typen von Narzissten gleichzusetzen?

Jedenfalls nicht nach den Facebook-Aktivisten, die mit einer Reihe kreativer Meme antworteten, in denen das Original so verändert wurde, dass es besser mit der Wirklichkeit der Millenials zusammenpasste. Eine Version ersetzte »The Me Me Me Generation« durch »Die arbeitslose Generation«. Ein anderer Kommentar lautete: »Die verlorene Generation«. Die neuen Bildunterschriften besagten, dass viele aus dieser Generation sich in einer hoffnungslosen Situation befanden mit hohen Studienschulden, überteuren Mieten und düsteren Aussichten, einen anständigen Job zu finden. »Millenials sind narzisstisch, weil wir ihre ganze Generation verarscht haben und sie nichts Besseres zu tun haben, als rumzuhängen und sich Tumblr anzuschauen«, stand in einem Mem. Ein anderes: »Wir haben ihre Zukunft an endlose Kriege, goldene Fallschirme für Banker und Handjobs für Börsenmarkler verschleudert.«

Ich fand das Titelblatt damals geschmacklos und die Reaktionen ziemlich amüsant, dachte aber nicht wirklich ernsthaft darüber nach, bis ich Jahre später einen Kurs zu einem verwandten Thema anbot und es für eine gute Idee hielt, meinen Studenten das Foto zu zeigen.

Ich verteilte Kopien des Titelblatts und fragte, ob sie meinten, dies sei eine passende Beschreibung ihrer Situation. Statt des erwarteten Aufschreis bekam ich von meinen Studenten nur ein kollektives Schulterzucken.

»Ich denke, es ist schon irgendwie zutreffend«, sagte ein Student.

»Nun ja, wir *sind* Narzissten«, fügte ein anderer hinzu.

»Wissen Sie«, sagte ein dritter Student, »als wir aufwuchsen, wurde uns erzählt, wie wunderbar und speziell wir sind.« Viele Studenten in dem Raum nickten. Sie alle hatten etwas Ähnliches gehört. Und sie alle wussten, dass es eine Lüge war. Der Student fuhr fort zu erklären, dass sie, auch wenn die heutige Aufforderung lautet, berühmt zu werden (wie Sheila Heti in dem Motto zu diesem Kapitel schreibt), nicht so dumm seien, ernsthaft zu glauben, dass sie später einmal prominent sein würden so wie etwa die Kardashians, Justin Bieber oder Paris Hilton.

Dann protestierte eine Studentin. Auch ihr war gesagt worden, sie sei etwas Besonderes. Aber dazu kam immer die Mahnung, dass sie keine Chance habe, mit den Chinesen Schritt zu halten, wenn sie in der Schule nicht hart arbeitete und großartige Ergebnisse erzielte. Die Bemerkung hatte einen unangenehmen Unterton. Es waren einige Chinesen in dem Raum. Ich schaute zu ihnen. Sie lächelten stoisch zurück.

In seinem Buch *Das Zeitalter des Narzissmus* von 1979 schreibt Christopher Lasch: »Der Narzisst bewundert und identifiziert sich mit ›Siegern‹.«[27]

Aber meine Studenten schienen nicht über Selbstliebe und Autoerotik zu sprechen. Sie sahen sich nicht als Sieger. Wenn sie sich selbst als narzisstisch bezeichneten, so meinten sie es in einer fatalistischen Weise. Ganz offensichtlich war für sie Narzissmus nicht ein Persönlichkeitsmerkmal, sondern eine Reihe gesellschaftlich bedingter Eigenschaften, die sie vorzuweisen hatten. Ihr Narzissmus verdankte sich nicht einer Wahl, sondern einer Notwendigkeit. Seitdem mir das klar ist, denke ich an sie als eine Generation von Narzissten durch Zwang. Einerseits wird von ihnen erwartet, dass sie sich in einem günstigen Licht präsentieren. Sie müssen der Außenwelt demonstrieren, dass sie ehrgeizig und außergewöhnlich sind und nach den Sternen greifen, als wären sie so etwas wie eine Berühmtheit. Andererseits werden sie ständig daran erinnert, dass die Realität, der sie begegnen werden, brutal ist und dass sie eine bewusst konkurrenzfähige Denkweise entwickeln müssen.

Deshalb ist es unfair und einfach verfehlt, sie Narzissten zu nennen. Man leidet nicht an einer Störung, wenn man die kulturellen Werte übernimmt, die von der Gesellschaft geschätzt werden. Wir alle wissen, dass die erste Frage, die die Millenials heutzutage gestellt bekommen, wenn sie sich für einen Job bewerben, lautet, was sie denn aus der Masse hervorhebt. Im Zeitalter der Oprah-Show wird von den Millenials erwartet, dass sie sich als tolle Individuen stilisieren – junge Unternehmerseelen mit einem Verlangen nach Branding, die in der Kunst geübt sind, ihre »Einzigartigkeit« auszustellen. Gleichzeitig ist ihnen wohl bewusst, dass sie nicht einzigartig sind. Sie müssen einfach mitspielen. Wie sonst könnten sie sich von der Menge abheben?

Um den Unterschied zwischen den Narzissten wider Willen in meinem Seminar und den willentlichen Narzissten, die Wolfe beschrieb, zu verstehen, müssen wir anerkennen, dass junge Leute heute sich einer härteren Realität gegenübersehen, als es in den 1970er Jahren der Fall war, vor allem in Hinblick auf sichere Beschäftigung und erschwinglichen Wohnraum. Viele der neuen Narzissten wurden inmitten der Finanzkrise volljährig. Ihr Leben ist nicht bestimmt durch Wohlstand und Überfluss, sondern durch Prekarität, Austerität und Studienschulden. Sie können es sich nicht leisten, sich von der Welt abzuwenden, weil die Welt ihnen zuvorkommen würde.

Unterdessen wird von vielen jungen Menschen erwartet, dass sie nicht nur ihren Träumen folgen, sondern dabei auch ihre eigene Marke kreieren und feilbieten. Sie sollen an den Mythos der Leistungsgesellschaft glauben und sich als Sieger sehen.

Zu diesem Zweck müssen sie sich zurechtbiegen, was sie über Politik und Ökonomie wissen. Arbeitslosigkeit ist dann keine politische Angelegenheit mehr, sondern ein individueller Defekt. Wir finden ein unheimliches Beispiel dafür in *Non-Stop Inertia*, Ivor Southwoods autoethnograpischem Bericht über Jobcenter im Vereinigten Königreich, wo Arbeitssuchenden gesagt wird, »drei positive Dinge pro Woche zu tun« oder sie werden diszipliniert.[28] Wie in einem 2015 in dem Journal *Critical Medical Humanities*[29] veröffentlichten Artikel argumentiert wurde, gehören solche Aufgaben, die Haltungen, Überzeugungen und die Persönlichkeit ändern sollen, zu einer politischen Strategie, die darauf abzielt, die Erfahrung sozialer und ökonomischer Ungleichheit auszulöschen.

Dies war auch das erwünschte Ergebnis von Seminarschulungen, wie est sie anbot. Am Ende der Kurse sollten die Teilnehmer glauben, dass alle Umstände bloße Illusionen seien. Das Leben der Menschen werde nicht durch ihren sozialen Hintergrund oder ihre wirtschaftlichen Ressourcen bestimmt, sondern allein durch ihr Denken.

Das moderne Geständnis

»Wir sind nun alle Narzissten«, fuhr einer meiner Studenten fort. Sie hatten begonnen, über ihre Social-Media-Gewohnheiten zu sprechen. »Ich meine, man muss sich doch nur die Fotos anschauen, die wir auf Facebook und Instagram posten«, und sie erzählten mir mehr über ihre Erfahrungen des Teilens, als ich eigentlich wissen wollte.

»Sharing« war eine sehr wichtige Aktivität bei Esalen und est, aber die moralische Verpflichtung, intime Details über sich selbst zu enthüllen, reicht viel weiter zurück. In *Der Wille zum Wissen* von 1976 führt der Philosoph Michel Foucault aus, dass das Geständnis ein Ritual ist, das »im Abendland zu einer der höchstbewerteten Techniken der Wahrheitsproduktion« wurde. Die Verpflichtung zum Geständnis »ist uns so tief in Fleisch und Blut übergegangen, dass sie uns gar nicht mehr als Wirkung einer Macht erscheint.«[30] Vielmehr glauben wir, dass die Wahrheiten, die in uns verborgen sind, zum Vorschein kommen müssen. Misslingt das, offenbaren wir unsere Unfähigkeit, frei zu sein.

In den 1970er Jahren, als Hunderttausende Amerikaner an Schulungskursen teilnahmen, um sich selbst zu entdecken, spielte das Geständnis eine zentrale Rolle in ihrem Streben nach Autonomie und Freiheit. An die Teilnehmer erging die Aufforderung, sich ihren inneren Dämonen zu stellen, gegen internalisierte Autoritäten zu kämpfen und sich von extern auferlegten Zwängen zu befreien.

Man erinnere sich an den Ballsaal, den Tom Wolfe in seinem Essay über Narzissmus beschrieb. Die Szene spielte am dritten Tag der est-Schulung, als die Teilnehmer eine Sache nennen sollten, die sie aus ihrem Leben entfernen möchten. Viele betraten die Bühne und verkündeten, wovon sie sich befreien wollten. Eine Frau ergriff das Mikrophon, um ihr Geheimnis zu *teilen*. Sie wollte nicht wie viele andere Selbstzerstörungswut oder Trägheit beseitigen, nein, sie wollte ihre Hämorrhoiden loswerden.

Dann forderte der Kursleiter die Teilnehmer auf, »sich auf den Boden zu legen, die Augen zu schließen, sich tief in die eigenen Räume hineinzubegeben und sich auf die Sache zu konzentrieren, die sie am stärksten loswerden wollten – und es wirklich fühlen und das Gefühl herausströmen lassen«. Da lag die Frau nun, auf dem Boden, und fühlte so richtig ihre Hämorrhoiden – »das Gefühl«, wie Wolfe es ausdrückte, »dass eine Erdnuss in ihrem Afterschließmuskel festsaß«.

Das Ziel dieser Workshops war, sich von dem »Übergepäck der Gesellschaft« zu befreien und »das Wahre Ich« zu finden. Aber damit das geschehen konnte, musste das Individuum loslassen, »den Finger vom Unterdrückungsknopf nehmen« und seine innersten Geheimnisse enthüllen. Alle wurden ermutigt, ausführlich und ohne Scham über sich selbst zu sprechen, und zwar vor den anderen Teilnehmern, selbst wenn es Hunderte waren.

Heute, da der Hotelsaal durch das Internet ersetzt worden ist, können wir unsere Geheimnisse mit mehr als ein paar Hunderten teilen.

2006, im Alter von vierundzwanzig, wurde der Bloggerin Emily Gould ein Job bei Gawker angeboten, einem Gerüchte-Blog, der darauf aus war, das vermutete Doppelleben von Prominenten zu enthüllen und ihre Geheimnisse aufzudecken – egal ob sie welche hatten oder nicht. In einem Artikel für die *New York Times* erklärte Gould, wie die Welt nach Gawker aussieht:

»Alle sind fetter oder älter oder faltiger, als er oder sie vorgibt zu sein. Jeder geht fremd; alle Frauen sind Schlampen. Schriftsteller sind Plagiatoren oder talentlose Schreiberlinge oder schamlose Nutznießer des Nepotismus. Jeder ist ein Heuchler.«[31]

Gawker war ein Vorreiter in dem, was der Philosoph Byung-Chul Han die »Transparenzgesellschaft«[32] nannte, eine Gesellschaft, in der alle privaten Geheimnisse öffentlich gemacht werden. Während die Leser von Gawker hinter ihren Bildschirmen geschützt waren, waren es die Blogger wie Gould nicht. Auch sie wurden dem prüfenden Blick der Leser unterworfen. Als Gould mit ihrer Arbeit begann, riet ihr ihr Redakteur, die Kommentare nicht zu lesen. Aber sie konnte der Versuchung nicht widerstehen. Die Kommentierenden waren keine Freunde, erklärte Gould. »Es war fast etwas Tieferes«:

»Sie waren gewissermaßen Mitarbeiter, gaben mir Ideen, schrieben Pointen um. Sie waren Widerlinge, die mich an der Bar anbaggerten. Sie waren Fans, die selbst noch meine schwächeren Bemühungen kriecherisch lobten. Sie waren Feinde, die meine schlimmsten Ängste vor meinem Ungenügen aussprachen. Sie waren die Stimmen in meinem Kopf. Manchmal konnte ich sie ignorieren. Oder wenn ich sie zuließ, konnten sie meine ganze Welt werden.«[33]

Die Stimmen der Leser, die manchmal so stark waren, dass sie sich in Goulds Kopf einschlichen, spielten eine zentrale Rolle bei dem, was und wie sie schrieb. Die Leser forderten sie ständig auf, mehr über sich selbst zu schreiben, so viele intime Details wie möglich zu enthüllen. Sie sollte die nackte Wahrheit über sich gestehen. Je persönlicher und emotionaler sie war, desto mehr Kommentare und Likes bekam sie. Gould schrieb über Sex, über ihren Wunsch, ihre Mutter zu töten (die sie mehr liebte als irgendjemand sonst) und über ihre Harnwegsinfektion.

Während bei est die Teilnehmer aufstehen und ihre Geheimnisse mit 250 anderen Menschen in dem Raum teilen mussten, sprechen Blogger wie Gould vor einer anonymen Masse von Hunderttausenden (gelegentlich Millionen), die alle sicher hinter ihren Bildschirmen versteckt sind.

Wenn sie nicht wusste, wer diese Leute waren, für wen gestand sie dann? War es nur ihr zuliebe? Nach Foucault ist das Geständnis ein Ritual, »das sich innerhalb eines Machtverhältnisses entfaltet«, und dass da immer eine Instanz ist, »die das Geständnis fordert«.[34]

Macht und Autorität werden selten erwähnt, wenn die Rede aufs Teilen kommt. Man erinnere sich an die Workshops im Esalen Institute, wo die Individuen aufgefordert wurden, sich mit ihren Ängsten und Beschränkungen zu konfrontieren. Perls sah sich nicht als eine Autoritätsfigur und auch die Kurse nicht als Formen der Machtausübung. Für ihn waren sie Prozesse, durch die Menschen von Machtbeziehungen und Zwängen befreit wurden.

Aber das ist ein naiver Begriff von Macht. Seit ihrem Aufkommen im Werk von Wilhelm Reich gründete sich die Phantasie vom Glück auf dem optimistischen Glauben, dass persönliche Freiheit und authentisches Selbstsein durch die Abkehr von Autoritäten erreicht werden. Auch das ist eine naive Vorstellung, weil Macht sich nicht nur in sichtbaren Autoritätsfiguren oder in Formen von Verboten zeigt. Wenn Reich seine Patienten aufforderte, sich zu befreien, zog er die Patienten in eine andere Form der Machtbeziehung hinein, die genauso eine Bürde sein konnte wie traditionelle Formen der Machtausübung. Sich auf Perls »Schleudersitz« zu setzen und seine Ängste zu offenbaren, brachte auch eine Form der Machtbeziehung hervor, in der der Einzelne äußerst verletzlich war. Als Gould auf ihrem Blog weiterhin Geheimnisse preisgab, wurde sie von den Lesern sowohl gelobt als auch beschimpft. Wie die Person auf Perls Schleudersitz wurde sie ermutigt, ihr Innenleben dem Publikum zu entblößen. Aber statt sie zu befreien, machte diese Form des öffentlichen Geständnisses sie nur wehrloser und verwundbarer.

Gould partizipierte an einer Kultur des Narzissmus, von der sie wusste, dass sie schädlich war, und ich argumentiere, dass das ein Schicksal ist, das sie mit allen unfreiwilligen Narzissten teilt, die mit ihrer Selbstvermarktung beschäftigt sind, nicht weil sie es notwendigerweise wollen, sondern weil sie es müssen. Sie sind darin geschult, ihre Eigenarten in Konkurrenzvorteile zu verwandeln, ihre persönlichen Erfahrungen zu teilen und ihre Fähigkeit zu demonstrieren, dass sie hart arbeiten und sich vermarkten. Die Welt, die sie bewohnen, wird bestimmt von Vorstellungen über Individualismus und rücksichtlose Konkurrenz. Wenn sie auf dem Arbeitsmarkt scheitern, ist es ihre Verantwortung, herauszufinden warum. Hätten sie mehr tun können, um für sich zu werben oder härter arbeiten sollen, um ihre einzigartigen Verkaufsargumente vorzubringen oder mehr Zeit und Mühe aufbringen sollen, um ihre angeborenen Talente zu entwickeln?

So ist das grausame Schicksal der Narzissten wider Willen. Sie sind verurteilt, sich zu prüfen, aber nicht nach philosophischen Prinzipien im Geist des Staunens, sondern nach finanziellen Prinzipien im Geist der Selbstkritik.

Es entbehrt nicht einer gewissen Ironie, festzustellen, dass Reichs Glücksphantasie nicht mehr in Opposition zu Macht und Herrschaft steht, sondern benutzt wird als ein Mittel, Macht und Herrschaft auszuüben. Wie ich im nächsten Kapitel darlegen will, ist diese Ironie nirgendwo evidenter als in der Arbeitswelt, wo die Glücksphantasie kontinuierlich und geschickt eingesetzt wird, um die Beschäftigten auszubeuten.

Happiness Inc.

»Da ging es mir zum ersten Mal auf, dass es nicht genügte, deinen Job einfach nur zu tun, du musstest dich auch noch dafür interessieren, sogar mit Leidenschaft bei der Sache sein.«

Charles Bukowski, *Faktotum*[1]

Sei du selbst und habe Spaß

Für Tony Hsieh, den CEO von Zappos, ist ein Versprechen ein Versprechen. Als er seinen Abschluss in Harvard machte, ging er mit seinen Freunden die folgende Wette ein: Falls er innerhalb der nächsten zehn Jahre Millionär werden sollte, würde er sie alle zu einer Kreuzfahrt einladen. 1999, nachdem er seine erste Firma an Microsoft verkauft hatte, war er tatsächlich (Multi-)Millionär geworden und lud daher seine Freunde zu einer dreitägigen Kreuzfahrt zu den Bahamas ein. »In den Augen all meiner Freunde auf dem Schiff«, prahlt Hsieh in seiner selbstgefälligen Erfolgsstory *Delivering Happiness*, »war ich alles, was ihrer Ansicht nach Erfolg und Glück ausmacht.« Aber als er dort in der Bar des Kreuzschiffes mit einem Drink in der Hand stand, fragte eine hartnäckige Stimme in seinem Hinterkopf: »*Was ist Erfolg? Was ist Glück? Worauf arbeite ich hin?*«[2]

Kurz nach seiner Rückkehr erstellte Hsieh eine Liste der glücklichsten Perioden in seinem Leben und erkannte, dass in keiner von ihnen Geld involviert war. Was ihn glücklich machte, das war etwas aufbauen, kreativ sein, Zeit mit Freunden verbringen und essen, was er mochte (Ofenkartoffeln und Pickles, erfahren wir). »Ich dachte darüber nach, wie leicht wir alle durch unsere Gesellschaft und Kultur dazu gebracht werden können, mit dem Denken aufzuhören und geradezu automatisch anzunehmen, dass mehr Geld mehr Erfolg und mehr Glück bedeutet, wenn es doch beim Glück letztlich darum geht, das Leben zu genießen.«

Dies war am Vorabend des neuen Millenniums, und Hsieh war klar, dass es niemals wieder ein 1999 geben würde. Er entschied, dass es an der Zeit war, »wahrhaftig mit mir selbst« zu sein. Er verabschiedete sich von seiner langweiligen Büroarbeit bei Microsoft. »Ich wusste nicht genau, was ich tun würde, aber ich wusste, was ich nicht tun würde. Ich wollte nicht herumsitzen und das Leben und die Welt an mir vorbeigehen lassen.«

Er zog mit einigen Freunden in ein Loft, baute eines der Schlafzimmer in ein Büro um, richtete einen Investmentfonds ein und kam dann auf die Idee, Schuhe über das Internet zu verkaufen. Es war schon damals eine große Industrie, und Katalogverkäufe machten zwei Milliarden Dollar aus. Und so wurde Zappos geboren.

Nach ein paar Testjahren war Zappos ein profitables Unternehmen geworden und wollte sich nun ein solideres Image zulegen. Beeinflusst von dem Managementguru Jim Collins und seinem Buch *Der Weg zu den Besten*, glaubte Hsieh, um wirklich groß zu werden, musste sein Unternehmen zuerst eine unverwechselbare Identität finden. Was Zappos von anderen Firmen unterschied – das erkannte er nach Diskussionen mit seinen Kollegen –, war sein aufrichtiger und innovativer Umgang mit den Kunden. Zappos sollte vor allem einen großartigen Kundenservice haben. Seine Vision lautete: »Glück liefern an Kunden, Angestellte und Verkäufer.«

Entschlossen, der beste Kundenservice der Welt zu werden, zog das Unternehmen von San Francisco nach Las Vegas, ein Standortwechsel, der finanziell nicht klug zu sein schien, aber kulturell absolut Sinn ergab. Las Vegas, glaubte Hsieh, war ein Ort, wo seine Mitarbeiter glücklich sein würden. Und diejenigen, die dorthin mitgingen, würden zweifellos eine eng verbundene Gruppe bilden, weil sie keine anderen Leute in der Stadt kannten. Hsieh begriff, dass Zappos, um das zuwege zu bringen, eine starke Kultur brauchte. Von nun an hatte Kultur oberste Priorität.

Seitdem ist Zappos ein besonders für seine spektakuläre Kultur bekanntes Kult-Unternehmen. Besucher dürfen die Geschäftsräume betreten und den Betrieb mit eigenen Augen beobachten, um die energiegeladene Atmosphäre zu *erleben*.

Bereits in den 1980er und 1990er Jahren begannen amerikanische Konzerne, sich ernsthaft mit dem Begriff der Kultur zu befassen. Managementgurus hatten sich aufmerksam die Klagen von Managern angehört, die nicht wussten, wie sie mit ihren unzufriedenen und unmotivierten Mitarbeitern umgehen sollten. Die Business-Gurus erklärten, dass Menschen sich begeistern müssten für das, was sie tun. Sie bräuchten ein Gefühl der Zugehörigkeit und eine starke Identität. Und am wichtigsten, die Beschäftigten müssten spüren, dass Arbeit nicht bloß etwas ist, was sie tun, sondern etwas, durch das sie ihr wahres inneres Selbst verwirklichen können.

Das Human Potential Movement mit Seminarprogrammen wie bei est hatte sich während der 1970er Jahre schnell ausgebreitet, und es waren diese Bewegungen, auf die einige der progressiveren Wirtschaftsführer nun ihre Aufmerksamkeit lenkten. Das war wahrlich eine ironische Wende der Ereignisse. Als die Phantasie vom Glück in den Gegenkulturen der Sixties auftauchte, tat sie das in Opposition zu den Konzernen und gesellschaftlichen Institutionen. Aber dann, in den 1970er Jahren, als diese Phantasie an große Teile der schnell wachsenden Mittelklasse verkauft wurde, hatte sie keine klare politische Ausrichtung mehr. Und dann, in den 1980er Jahren, begannen Unternehmen sich allmählich dafür zu interessieren und erkundeten eher unkonventionelle Ideen, einschließlich der Schlagworte des New Age. 1987 berichtete das *Wall Street Journal*: »Dutzende großer US-Unternehmen – darunter Ford Motor Co., Proctor & Gamble Co., TRW Inc., Polaroid Corp. und Pacific Telesis Group Inc. – geben Millionen Dollar für sogenannte New Age Workshops aus.«[3]

Und so begann Anfang der 1990er Jahre Michael Murphy, der Mitbegründer des Esalen Institute, eine Initiative mit dem Ziel, mehr Unternehmen auf das Anwesen in Big Sur zu locken. Als ersten Schritt machte er aus einem der Gebäude eine Firmen-Klausur, wo Geschäftsleuten Kurse in persönlichem Wachstum, Stressreduzierung und Kreativitätssteigerung angeboten wurden. Die Teilnehmer lernten nicht nur, wie sie ihr eigenes Leben in die Hand nehmen, sondern auch dass sie »sich für die Erträge ihres Unternehmens verantwortlich fühlen müssen«.[4]

Als vor allem Konzerne damit begannen, sich wahlloser auf New Age-Bewegungen einzulassen und das Vokabular der menschlichen Transformation und individuellen Freiheit zu vereinnahmen, wurden sie für Gruppen von Freigeistern anziehender, die zuvor die Macht der Konzerne wie die Pest gemieden hatten. »In den sechziger Jahren hätte sich diese Leute eher die Pulsadern aufgeschnitten, als irgendeine kommerzielle Einrichtung der USA zu betreten«, erklärte Harriet Rubin, Lektorin für Wirtschaftsbücher im Verlag Doubleday, in einem Interview von 1990. »Nun sehen sie solche Unternehmen als eine Art lebendes Labor für ihre Ideen an.«[5]

In demselben Artikel, veröffentlicht in der Zeitschrift *Fortune*, beschrieb Frank Rose das Aufkommen eines neuen Geschäftszeitalters, wo Wirtschaftsführer ihre Obsession mit Zahlen durch eine unvoreingenommenere Vorstellung vom Humanpotential ersetzten. Rose schilderte, wie sich Levi Strauss & Co. neben anderen Unternehmen auf diese neue Welle eingestellt hatte. Der Vorsitzende Robert Haas hatte gerade seine Vision des Konzerns als eine Art globales Unternehmen verkündet, das kreative Leute beschäftigte, die »fähig sind, ihr volles Potential auszuschöpfen«. Unterdessen sollten Manager nicht mehr als väterliche Autoritätspersonen agieren, sondern, erklärte er, wie »Coachs, Vermittler und Vorbilder«.[6] Als ein Modeunternehmen hatte Levi Strauss offen zu sein für neue Trends. Oder besser noch, es sollte kreative Typen an sich binden, die die neuen Trends setzten. Levi Strauss war nicht allein in seiner Entschlossenheit zu diesen Formen extremer Veränderung. Microsoft übernahm ein fast identisches Mantra mit seiner »Vision«: »Wir befähigen Menschen und Unternehmen weltweit, ihr volles Potential zu verwirklichen«.[7]

Kaum überraschend hatte Werner Erhard als Anführer des Human Transformation Movement lukrative Schulungsverträge mit so Großunternehmen wie TRW Automotive und Ford abgeschlossen.[8] 1984 änderte er, um sich dem neuen Geschäftsklima anzupassen, den Namen seiner Firma von est zu Forum, was ihr ein professionelleres Aussehen gab und sie businessfreundlicher machte.

Erhard leitete das Forum bis 1991, als er nach Anschuldigungen sexueller Belästigung und des Steuerbetrugs (von letzterem wurde er freigesprochen) seine »Technologien« an seine engsten Mitarbeiter – einer von ihnen war sein Bruder Harry Rosenberg – verkaufte. Sie änderten den Namen zu Landmark Forum und setzten Erhards ehrgeiziges Vorhaben fort, das Programm geeigneter für diejenigen zu machen, die eine erfolgreiche Karriere anstrebten. Die Historikerin Suzanne Snider schreibt dazu:

> »Wie sich est in das Forum weiterentwickelt hat, so hat sich auch die Klientel für solche ›Technologien‹ verändert – von New Age-Hippies über CEOs zu CEO-Hippie-Hybriden – eine Verwandlung, die nicht nur eine Lektion über die Umfirmierung einer Unternehmensidentität und die Verschiebung der Legitimitätsstandards unserer Kultur erteilt, sondern die auch ahnen lässt, wovon wir dreißig Jahre später träumen, wenn wir von unserem Potential träumen.«[9]

Landmark Forum ist noch heute aktiv, und greift man auf ihre Website zu, kann man sich über ihre Schulungsprogramme informieren, die darauf abzielen, »positive, dauernde Veränderungen in deiner Lebensqualität« herbeizuführen, was jeden Teilnehmer »eine neue und einzigartige Art der Freiheit, Leistungsfähigkeit und Kraft erfahren lässt – die Freiheit, sich in allen Situationen wohl zu fühlen, eine neue Leistungsfähigkeit auf Gebieten, die dir wirklich wichtig sind, und die Kraft, das zu verwirklichen, wovon du überzeugt bist«.[10]

Das Schulungsprogramm ist immer noch bei Unternehmen beliebt. Einer der entschiedensten Unterstützer von Landmark ist das Sportsbekleidungsunternehmen lululemon, was wie est in Kleinbuchstaben geschrieben werden will. In einem in der Zeitung *Evening Standard* veröffentlichten Artikel beschrieb ein Community Manager bei lululemon das Unternehmen als mehr als nur einen Ort, wo man hingeht, um »knackige Hotpants« zu kaufen.[11] »Wir haben eine sehr starke Kultur und sind ein werteorientiertes Unternehmen. Unsere Mission ist es, die Welt von der Mittelmäßigkeit zu befreien und zur Größe zu verhelfen.« Verkäufer werden »Erzieher« und Kunden »Gäste« genannt. Alle Beschäftigten sollen öffentlich ihre Zehnjahresziele verkünden, und nach einem Jahr in der Firma werden sie eingeladen, sich dem kostenlosen dreitägigen Landmark Training zu unterziehen.

In den 1980er Jahren begannen Business-Gurus, einen neuen Typ von Managementstrategie zu propagieren. Indem sie starke Unternehmenskulturen entwickelten, vermochten Manager ihre Mitarbeiter auf eine tiefere und effektivere Weise zu motivieren. Wenn die Beschäftigten überzeugt werden konnten, dass sie nicht bloß für Geld arbeiteten, sondern für etwas Größeres als sie selbst, konnten sie auf eine emotionalere und sozial umfassendere Weise in das Unternehmen einbezogen werden, sozusagen wie Mitglieder einer Familie. Das Ziel war, Wohlverhalten durch Hingabe zu ersetzen und die Mitarbeiter so zu motivieren, dass sie ihre Zeit und Energie in die Entwicklung des Unternehmens investieren. Sie sollten nicht einfach ins Büro kommen und wie Arbeitsroboter die Regeln befolgen. Sie sollten präsent sein mit ihren Gedanken, Überzeugungen, Erfahrungen, Gefühlen und kreativen Kräften – das alles wurde nun als wichtige Ressourcen für die Steigerung des Wertes der Organisation angesehen.

Raffiniert an dieser Strategie war, dass die Angestellten dadurch, dass sie sich in die Unternehmenskultur integriert fühlten, nicht mehr mittels Bestrafungen oder technokratischer Methoden kontrolliert oder motiviert werden mussten. Durch die Betonung der emotionalen Aspekte ließen sich Beschäftigte auf eine scheinbar freundlichere Weise kontrollieren. Diese Form der Kontrolle, die der Organisationsforscher Gideon Kunda »normativ« nannte, basiert »auf einer Erfahrungstransaktion, bei der symbolische Belohnungen gegen eine moralische Hinwendung zu der Organisation getauscht werden«.[12] Beschäftigte werden nicht einfach als Mitarbeiter angesprochen, sondern als Individuen.

»Ich hatte es zuvor nie mit einer Firma zu tun, die so positiv ist«, erzählte der Besitzer eines Yogastudios dem *Evening Standard*, als er nach lululemon gefragt wurde. »Das Wort ›meeting‹ ist verboten, man sagt stattdessen ›connect‹, und das Hauptziel jeder Verbindung besteht darin, ›zu überraschen und zu begeistern‹.«

In seinem Buch *Authenticity and the Cultural Politics of Work* beschreibt der Management-Professor Peter Fleming ein australisches Callcenter namens Sunray, in dem die Beschäftigten gedrängt wurden, ihr wahres Selbst zu zeigen mit allen Fehlern und Mängeln. Sie durften persönliche Gegenstände zur Arbeit mitbringen. Es gab keinen Dresscode. Partys wurden veranstaltet, und sexuelle Beziehungen zwischen Kollegen waren erlaubt. Als eine Frau von ihrem Freund verlassen wurde, wurde sie gebeten, zur Arbeit zu erscheinen und ihre Erlebnisse und Gefühle mit den anderen zu teilen. Wie Fleming bemerkt, das Mantra an diesem Arbeitsplatz lautete nicht, jemand anderes zu sein, sondern »sei einfach du selbst«.[13]

In einem Profil von Zappos in der *New York Times* finden wir eine ähnliche Beschreibung: »Die junge Belegschaft ist stark tätowiert; der Dresscode ist aggressiv lässig. Schreibtische sind überladen mit riesigen Stofftieren, und an den Wänden stehen von der Blue Man Group entworfene Klangskulpturen.«[14] Als Tony Hsieh entschied, Kultur zur obersten Priorität zu machen, wollte er nicht eigene Ideen durchsetzen. Stattdessen bat er das ganze Personal, aufzuschreiben, was Zappos für *sie* bedeutete. Heraus kam das Zappos-»Kulturbuch«, das die verschiedenen Erfahrungen der Mitarbeiter auflistet und die zehn Grundwerte des Unternehmens zusammenfasst, wobei eine davon lautet: »Kreiere Spaß und ein wenig Verrücktheit«. Fragt euch selbst, schreibt Hsieh, »was können wir tun, um ein bisschen verrückt zu sein und uns von allen anderen zu unterscheiden?«[15]

Wenn Besucher auf einer dieser »Kulturtouren« in Zappos' Büros kommen, können sie diese Absonderlichkeiten selbst erleben. »Jede Tour ist anders«, erklärt Hsieh in *Delivering Happiness.* »Vielleicht sieht man in unserer Lobby eine Popcorn- oder Kaffeemaschine verkleidet als Roboter… mag sein, dass unsere Softwareentwickler eine Bowlingbahn gebaut haben, Angestellte sind verkleidet als Piraten oder singen Karaoke, es gibt einen Schlafraum, einen Streichelzoo oder ein gemeinsames Hot-Dog-Essen«. Er fährt fort: »Oder ihr kommt zufällig während unseres jährlichen ›Bald & Blue‹-Tages vorbei, an dem Mitarbeiter sich freiwillig von ihren Kollegen den Kopf rasieren und sich blau anmalen lassen.« Die Schrulligkeit und Verrücktheit sind natürlich Teil einer umfassenderen Arbeitsideologie. Auf seiner Website erklärt Zappos:

> »Wir ermuntern dich, du selbst zu sein und Spaß zu haben. Wir propagieren nicht die Work/Life-Balance im traditionellen Sinn, vielmehr glauben wir an die ›Work/

> Life-Integration‹. Wir haben gerne eine gute Zeit auf der Arbeit, nicht bloß außerhalb davon. Es ist nicht nötig, deine zufälligen Marotten oder ungeschickten Tanzschritte vor uns zu verbergen. Vielleicht kannst du sogar ›die Seele baumeln lassen‹, indem du hier arbeitest!«

Die antiautoritären Ideale, wie sie zum ersten Mal als Reaktion gegen amerikanische Konzerne kollektiv organisiert wurden, sind nun vollständig in Unternehmenskulturen wie die von Zappos, lululemon und Sunray integriert. Als Wilhelm Rcich seine auf den moralischen Werten der Authentizität und Sexualität gegründete Vorstellung von Glück entwickelte, hätte er sich nicht einmal im Traum einfallen lassen, diese Werte in der Arbeitswelt zu finden.

Wie ist es dazu gekommen? Warum engagieren sich nun so viele Organisationen dafür, eine Botschaft der persönlichen Freiheit und des individuellen Glücks zu propagieren? Um diesen kulturellen Wandel zu verstehen, müssen wir in der Zeit zurückgehen und die Kritik bedenken, die in den 1950er und 1960er Jahren gegen Lohnarbeit und Arbeitsorganisationen gerichtet wurde. Damals war es nicht cool oder gar befreiend, morgens zur Arbeit zu gehen und abends nach Hause zurückzukommen. Für die Beat Generation war Lohnarbeit ein stumpfsinniges Übel, das Authentizität und Kreativität abtötete. Und für die Studenten, die Ende der 1960er Jahre auf die Straßen gingen, war Arbeit ein Gefängnis, aus dem man ausbrechen musste.

Die Beat Corporation

Charles Bukowski war vieles – Dichter, Romanautor, Fabrikarbeiter, Postmann, Trinker –, aber sicher war er kein Aushängeschild für strahlendes Glück. Bukowskis zurücktretende Augen und sein vernarbtes Gesicht mit tiefen Furchen neben den Nasenflügeln waren zweifellos das Produkt der langen Nächte, die er trinkend in heruntergekommenen Bars verbrachte. Aber das war nicht das Einzige, was ihn fertigmachte. Noch etwas Anderes trug Schuld daran, und das war die Arbeit – schwere, niedrige Arbeiten.

1969, im Alter von neunundvierzig, gelang es Bukowski endlich, aus dem Gefängnis der Lohnarbeit zu entkommen. In einem Brief an seinen Verleger John Martin, der durch das Angebot eines monatlichen Gehalts von 1000 Dollar diesen Ausweg möglich gemacht hatte, beschrieb Bukowski, was für einen furchtbaren Schlag ihm die Arbeit versetzt hatte.

»Die Augen verlieren ihre Farbe. Die Stimme wird hässlich. Und der Körper. Die Haare. Die Fingernägel. Die Schuhe.«

Warum, fragte Bukowski, akzeptierte irgendjemand so eine Demütigung? »Als junger Mann«, schrieb er in demselben Brief, »konnte ich es nicht glauben, dass Menschen ihr Leben diesen Bedingungen unterwerfen. Als alter Mann kann ich es immer noch nicht glauben. Wofür tun sie das? Sex? TV? Ein Auto auf monatlichen Raten? Oder Kinder? Kinder, die genau das Gleiche tun werden wie sie?«[16]

Bukowski war nicht der Einzige, der so fühlte. Als große Unternehmen wie Ford mit der scharfen Trennung zwischen Arbeit und Freizeit eine ganz neue Lebensstruktur einführten, sah es wie ein humaner Durchbruch aus. Die Vierzig-Stunden-Woche, institutionalisiert als Teil des Arbeitsgesetzes von 1938, war ein entschiedener Schritt weg von den harten Bedingungen des Industrialismus, wo die Arbeit von früh bis spät ununterbrochen weiterzugehen schien.

Aber die Stimmung hatte sich schnell verändert, und mit den 1950er und 1960er Jahren, als sich Bohemiens in Kalifornien niederließen und Beats und Hippies in den kulturellen Vordergrund rückten, war die Plackerei von 9 bis 17 Uhr ein Symbol des falschen Lebens geworden, ein ständiges und sinnloses Pendeln zwischen dem Büro und dem Fernsehgerät. Was für eine Ironie: Die Kritik, die in den 1950er und 1960er Jahren von den gegenkulturellen Gruppen geübt wurde, mündete nun in das Image von Zappos und seiner »Work/Life-Integration«. Nach etwa sechzig Jahren hat sich ein neuer Typ prekärer Arbeitskultur rund um die Uhr, sieben Tage die Woche durchgesetzt. Was auch immer die Beats und Hippies sich erträumten, das war es nicht.

Mitte der 1950er Jahre, als er in San Francisco lebte, hatte der Dichter Allen Ginsberg einen Job in der Marktforschung gefunden. Auch wenn das genau die Art von Arbeit war, nach der er gesucht hatte, fürchtete er, sie würde ihn versklaven. Gefragt von seinem Therapeuten, was er am liebsten tun würde, antwortete Ginsberg:

> »Ich würde wirklich gerne für immer aufhören zu arbeiten – nie wieder arbeiten, nie wieder eine solche Arbeit machen, die ich jetzt mache – und nichts Anderes tun als Gedichte schreiben und die Muße haben, den Tag draußen zu verbringen, ins Museum zu gehen und Freunde zu sehen.«[17]

Für Ginsbergs engen Freund William S. Burroughs, der sich zwar als Außenseiter stilisierte, aber auch einen Zuschuss von seinen Eltern bekam, war Lohnarbeit nie wirklich eine ernsthafte Option. Als er in der *Paris Review*-Ausgabe vom Herbst 1965 gefragt wurde, warum er begann, Drogen zu nehmen, antwortete Burroughs lakonisch: »Nun, ich war einfach gelangweilt. Offensichtlich hatte ich kein großes Interesse daran, ein erfolgreicher Werbemanager oder was auch immer zu werden.«

Es war etwa auch zu dieser Zeit, Mitte der 1960er Jahre, dass Wilhelm Reich posthum berühmt wurde. Er galt nun als eine gegenkulturelle Ikone, und einer seiner vielen begeisterten Verehrer war Burroughs, der sich zahlreiche Orgonakkumulatoren angeschafft hatte. In einem Brief an Kerouac von 1949 erläuterte Burroughs seine erfolgreichen Experimente mit der Orgonbox und schrieb: »Der Mann ist nicht verrückt, er ist ein verdammtes Genie.«[18]

Reichs entschieden antiautoritäre Botschaft der sexuellen Emanzipation und sozialen Veränderung traf in der zweiten Hälfte der 1960er Jahre, als überall Studentenrevolten ausbrachen, den Nerv der Zeit. Seine Kritik der Autorität, des Paternalismus und der Familienstruktur war im Mainstream aufgegangen. Die utopische Vision der Beats wurde von den demonstrierenden Massen geteilt. Und auf den Straßen von Paris schrieben Protestierende Slogans gegen die Arbeit: »Pendeln, arbeiten, pendeln, schlafen …«, »Am Ende werdet ihr alle am Wohlstand ersticken« und »Arbeitet nie!«. In seinem Buch *Handbuch des Lebenskunst für junge Generationen* attackierte der Situationist Raoul Vaneigem, eine zentrale Figur des Aufstands von 1968, das konformistische Leben, das zwischen Arbeit und Freizeit aufgeteilt ist, zwei Aktivitäten, die er mit den »Zwillingsblättern einer Kastrationsschere«[19] verglich. Nach der Revolution, glaubte er, würden die Streikenden die Zehn-Stunden-Woche fordern, aufhören zu demonstrieren und sich in Fabriken und Büros lieben.

Aber wie wir wissen, kam es nicht so. Es stimmt, dass selbsternannte Gurus wie Tim Ferriss gerne über die 4-Stunden-Arbeitswoche und andere unternehmerische Illusionen reden, aber derartige Äußerungen kann man kaum ernst nehmen in einer Zeit, da der durchschnittliche Amerikaner mehr als vierzig Stunden die Woche arbeitet. Wie sollen wir diese Entwicklung erklären? In den Jahren, die den Aufständen von 1968 folgten, drückten die Menschen weiterhin ihre Unzufriedenheit mit der Arbeit aus. Massenstreiks in Frankreich und anderswo zwangen die Arbeitgeber, auf die Kritik zu reagieren. Ihre anfängliche Strategie bestand darin, mit den Gewerkschaften höhere Löhne auszuhandeln und die Arbeitsplatzsicherheit zu verbessern, aber die Methode erwies sich als wenig erfolgreich.

In der zweiten Hälfte der 1970er Jahre änderten einige Unternehmer ihre Taktik. Wenn es all diesen Menschen so sehr um Freiheit, Autonomie und Authentizität ging, warum sollte man sie ihnen dann nicht geben? Oder vielmehr, warum nicht verkünden, dass man sie ihnen geben würde?

Das war der Beginn dessen, was die französischen Theoretiker Luc Boltanski und Čve Chiapello »den neuen Geist des Kapitalismus«[20] nennen. Wörter wie Solidarität, Gleichheit, und Sicherheit galten nun als überholt. Dem Staat wurde mit Argwohn begegnet. Und bürokratische Institutionen und fordistische Arbeitsstrukturen wurden gleichbedeutend mit Unterdrückung der Individualität.

Die kreativeren Unternehmen eigneten sich rasch eine ganz neue Sprache für diese neuen Strömungen an. Vorstandsmitglieder und CEOs sprachen über Autonomie, Kreativität, Empowerment, Befreiung und Netzwerke. Slogans gegen die Arbeit waren in den Städten von den Wänden abgewaschen worden, nur um dann in den Jahresberichten der Konzerne wieder aufzutauchen.

Zu Anfang der 1970er Jahre kamen Business-Gurus in den USA zu den gleichen Erkenntnissen. Viele junge Leute, besonders diejenigen, die ein starkes Verlangen verspürten, ihre Authentizität auszudrücken, betrachteten Unternehmen mit Argwohn. Führungskräfte sahen darin ein ernsthaftes Problem. Sie wussten, dass diese jüngere Generation, während sie kurzfristig eine Herausforderung für die Unternehmen darstellen mochten, auf lange Sicht unschätzbare Möglichkeiten bot. Wenn sie diese jungen Kreativen an Bord holen konnten, hatten sie viel zu gewinnen. 1970 erschienen in dem Wirtschaftsmagazin *Harvard Business Review* zwei Artikel, die beide diesen Gedanken betonten. Der erste, verfasst von Joe Kelly, sprach von »turbulenten Zeiten« und den Herausforderungen, die das für Unternehmen darstellte. Der zweite Artikel mit der Überschrift »Eine Anatomie des Aktivismus für Führungskräfte«, geschrieben von Samuel A. Culbert und James M. Elden, ging viel weiter. Sie diskutierten ganz offen die US-Invasion von Kambodscha und die anschließenden Studentenproteste an der University of California Los Angeles und an der Kent State University, wo die Nationalgarde vier Studenten erschoss.

Jeder dieser Texte verkündete, dass es Zeit sei, Konflikte nicht mehr unter den Teppich zu kehren, sondern sie vielmehr produktiv zu nutzen. »Alte Konzepte der menschlichen Beziehungen, einschließlich der Vorstellung, dass Konflikte an sich schädlich sind und um jeden Preis vermieden werden sollten, stimmen nicht mehr mit den Tatsachen überein«, schrieb Kelly. »Die neue Vorgehensweise ist, dass ein Konflikt, richtig gehandhabt, zu effektiveren und angemesseneren Vereinbarungen führen kann.«[21] Zornige junge Menschen müssten in einen Dialog verwickelt werden, denn sie würden in wenigen Jahren als Kollegen der älteren Generation in die Unternehmen eintreten. Aber wichtiger noch, das Management bräuchte neue Ideen und Einsichten, und das sei genau das, was diese jüngere Generation besitze. Darum ging es Culbert und Elden hauptsächlich:

> »Wenn die Führungskräfte nur ihre Augen öffneten für das, was Schlagwörtern wie ›Revolution‹ und ›Befreiung‹ zugrunde liegt, könnten sie von der Motivation der gebildeten Jugend profitieren, als bloß dagegen zu reagieren.«[22]

Es ist faszinierend, diese Worte jetzt, fast fünfzig Jahre später, zu lesen. Heutzutage sehen wir, wie zahlreiche Unternehmen diesem Rat gefolgt sind und erfolgreich die Schlagwörter der Revolution und Befreiung in ihre Unternehmenskultur integriert haben. Aber wenn wir uns diese Arbeitsplätze näher anschauen, entdecken wir, dass die Slogans dafür benutzt werden, um etwa die Arbeitsstunden zu verlängern und die Grenze zwischen Leben und Arbeit zu verwischen.

Die verdeckten Kosten der Authentizität

Die Kritik an dem Arbeitstag von 9 bis 17 Uhr ging lange nach den Beats und Hippies weiter. Aber als Dolly Parton 1980 ihren Hit »9 to 5« herausbrachte, war die traditionelle Form des Arbeitsleben bereits im Schwinden. Ronald Reagan stand kurz vor dem Amtsantritt, und in Großbritannien war Margaret Thatcher schon seit mehr als einem Jahr Premierministerin. Zusammen mit ihr setzte sich Reagan dann an die Spitze einer neoliberalen Revolution. Zu diesem Zweck wendete er eine geschickte politische Strategie an. Während er »innengeleitete« Menschen ansprach, die trotz gelegentlich geäußerter linksliberaler Ansichten die Entfaltung ihrer Individualität vordringlicher fanden als soziale Ungleichheit, konnte er seine Agenda verfolgen und den Einfluss des Staates zurückdrängen, wodurch immer mehr Menschen in eine höchst prekäre Lage gebracht wurden. 1981, nachdem 13000 Fluglotsen in den Streik getreten waren und bessere Arbeitsbedingungen gefordert hatten, reagierte Reagan brutal und entließ fast alle. Während seiner Amtszeit versuchte er auch, den Mindestlohn für junge Leute zu senken, und forderte Bundesbehörden auf, mehr Aushilfskräfte zu beschäftigen.

Politiker aller Couleur folgten dem Beispiel und rechtfertigten ihre Initiativen mit dem Euphemismus der »Arbeitsmarktflexibilität«. Bald fanden sich Millionen Menschen im Prekariat wieder, wo sie, statt langfristige und sichere Stellen innezuhaben, auf Gelegenheitsjobs, Kurzzeitverträge, fluktuierende Arbeitszeiten, unkalkulierbare Löhne angewiesen waren, von beruflichen Perspektiven gar nicht zu reden.[23]

Was Arbeitsmarktflexibilität tatsächlich bedeutet, erläutert Guy Standing in seinem Buch *Prekariat*, ist, dass »Risiken und Unsicherheit auf die Beschäftigten und ihre Familien abgewälzt werden«, gipfelnd in der »Schaffung eines globalen Prekariats«, das aus Millionen Menschen weltweit »ohne einen Anker der Stabilität«[24] besteht.

Da das Prekariat kein festes Einkommen über längere

Zeiträume hat, sich von einem Kurzzeitvertrag zum nächsten bewegt, häufig die Jobs wechselt, lebt es, so Standing, in ständiger Angst:

> »Chronische Unsicherheit, verbunden nicht nur mit der Drohung der Armut, sondern auch mit dem Wissen, dass ein Fehler oder etwas Pech den Ausschlag geben zwischen bescheidener Würde und Obdachlosigkeit.«[25]

Die technischen Innovationen der letzten Jahrzehnte erlauben es vielen Menschen, zu allen Zeiten an allen Orten zu arbeiten. Während Management-Gurus die Work-Life-Balance verabschieden und stattdessen die sogenannte Work-Life-Integration willkommen heißen, sind unproduktive Nischen des Lebens zunehmend bedroht. In *24/7: Schlaflos im Spätkapitalismus*[26] argumentiert Jonathan Crary, dass der Kapitalismus inzwischen darauf aus ist, die Menschen zu allen Zeiten, selbst wenn sie schlafen, zu kolonisieren. In den USA, schreibt er, schläft der Durchschnittsbürger heute etwa sechseinhalb Stunden, gegenüber acht Stunden noch vor einer Generation und zehn Stunden zu Beginn des zwanzigsten Jahrhunderts. Heutzutage wird von Angestellten erwartet, dass sie jederzeit, ohne Unterbrechung »eingeschaltet« sind. Für den 24/7-Kapitalismus ist Schlaf ein Hindernis. Auch der nächtlichen Regeneration droht nun die Unterwerfung unter die Logik der Produktivität.

Es ist keine Neuigkeit, dass in vielen Berufen die Grenze zwischen Leben und Arbeit weitgehend verschwindet. Vielleicht bemerkenswerter und beunruhigender ist, dass viele Beschäftigte unfähig sind, jemals abzuschalten, was dazu führt, dass sie selbst im Schlaf noch produktiv sind. Vor einigen Jahren schrieb ein IT-Mitarbeiter einen bewegenden Essay über seine Unfähigkeit, sich von dem

Druck freizumachen. Er träumte nicht nur von der Arbeit, wie es viele Menschen tun, sondern ertappte sich dabei, dass er Probleme im Schlaf löste. Die Tragödie sei, erklärte er, dass er sich nichts mehr außerhalb der Arbeit vorstellen könne, außer in den seltenen Zeiten des Krankseins.[27] Das mag häufiger vorkommen, als wir früher dachten. Gemäß einer neueren Studie über mobile Arbeiter sagten 38 Prozent der Befragten, dass sie irgendwann während der Nacht aufwachten, um ihre E-Mails zu checken.

Das ist die Bedingung dessen, was Byung-Chul Han eine »Leistungsgesellschaft« nennt, die »sich allmählich in eine Doping-Gesellschaft entwickelt«.[28] Wenn jeder Moment in eine Gelegenheit überführt wird, sich produktiver und effektiver zu machen, dann gibt es außerhalb der kapitalistischen Akkumulation keine Nischen unrentabler Zeit mehr. Diese Obsession mit Leistung und Aktivität »erzeugt exzessive Müdigkeit und Erschöpfung«. Schlimmer noch, es ist eine vereinsamende Müdigkeit. Sie hat, fährt Han fort, »einen trennenden und isolierenden Effekt«.[29]

Wir sind wieder am Ausgangspunkt. Müdigkeit und Erschöpfung, die Charles Bukowski bei seiner täglichen Arbeit erfuhr, sind zurückgekehrt. Diesmal jedoch kommt die Erschöpfung nicht von der Arbeit, sondern von unseren Investitionen (von psychischer Energie und Erwartungen) in die Arbeit. Bukowski sah das bereits kommen, als er, wie in dem Motto oben zitiert, verstand, »dass es nicht genügte, den Job einfach nur zu tun, du musstest dich auch noch dafür interessieren, sogar mit Leidenschaft bei der Sache sein«.

Mehr als ihren Vertrag zu erfüllen, werden Beschäftigte nun dazu gedrängt, Arbeit für eine Gelegenheit zu halten, ihr wahres Wesen zu entdecken. Aber wenn Arbeit in ein abstraktes Streben nach Glück umgewandelt wird, müssen die Menschen sich fragen, wo die Grenze zu ziehen ist.

Die Gewalt der Prekarität

Im Jahr 1930 bemerkte der britische Philosoph Bertrand Russell, dass Arbeit mehr oder weniger aufregend sein kann; sie »umschließt alle Abstufungen von bloßer Linderung der Langweile bis zur tiefsten Beglückung«.[30] Während die meisten Dinge, die von den Menschen verrichtet werden müssen, nicht besonders reizvoll sind, haben auch solche Arbeiten gewisse Vorzüge. Vor allem füllen sie viele Stunden des Tages aus und entlasten so von der existentiellen Bürde, aktive Entscheidungen zu treffen. »Die meisten Menschen wissen nämlich, sobald die Zeiteinteilung ihrem freien Ermessen überlassen ist, nicht recht, wie sie sich angenehm beschäftigen sollen … Arbeit ist somit in erster und wichtigster Linie ein gutes Vorbeugungsmittel gegen Langeweile.«[31]

Heutzutage jedoch wird Arbeit nur noch selten als Ausbruch aus der Langweile angesehen. Stattdessen ist sie ein vorgeschriebener Weg zum Glück geworden. An einem Ort wie Zappos ist Glück nicht ein angenehmer Nebeneffekt der Arbeit, die das Unternehmen tun lässt, sondern die Essenz seiner Philosophie. Glück ist, was es seinen Kunden in der Form eines Schuhkartons liefert. Und es ist das, was seine Mitarbeiter bekommen, sobald sie sich emotional dem Unternehmen verschrieben haben. Es will, wie oben gezeigt, dass die Beschäftigten sich mit ihrer Arbeit verbinden und Begeisterung dafür zeigen.

Sie sollen nicht dort sein, weil sie es müssen, sondern weil sie es wirklich wollen – weil »sie es lieben«.

Russell meinte, dass sinnvolle und konstruktive Arbeit, die den Tätigen erlaubt, besondere Fähigkeiten einzusetzen, eine Quelle großer Befriedigung sein kann. 2015 sagten fast 50 Prozent der amerikanischen Arbeiter, sie seien mit ihrem Job zufrieden. Wenn das auch ein Zuwachs während der letzten zehn Jahr war, bleibt doch immer noch die Hälfte der arbeitenden Bevölkerung unzufrieden. Der Unterschied zwischen den 1930er Jahren, als Russell die Möglichkeit, Glück durch Arbeit zu erlangen, erwog, und der Zeit des emotionalen Kapitalismus, die wir heute durchleben, besteht vielleicht nicht darin, dass es nun unendlich mehr »interessante« und »anregende« Jobs gibt, sondern einfach darin, dass von Beschäftigten erwartet wird, in ihren Jobs glücklich zu sein, egal wie schlecht und unzuträglich die Umstände sein mögen. Miya Tokumitsu bemerkt dazu in ihrem Buch *Do What You Love*: »Projektionen von Arbeit-als-Liebe sind selbst in den Bereich der schlecht bezahlten Dienstleistungen eingesickert.« Als Beispiel zitiert sie, dass »eine Reinigungsfirma, die auf Craigslist annonciert, momentan für das Putzen von Häusern ein ›passioniertes Individuum‹ sucht«.[32] In einem Essay in der *London Review of Books* berichtete Paul Myerscough, dass von Beschäftigten bei Pret a Manger, der britischen Fast-Food-Kette, nicht nur verlangt wird, glücklich und positiv auszusehen, sondern sie müssen auch glücklich *sein*. Ein Pret-Manager drückte es so aus: »Authentisch glücklich sein, ist wichtig.«[33] Die Tatsache, dass das Anfangsgehalt nur wenig über dem Mindestlohn liegt, ist dabei natürlich irrelevant.

An einem Arbeitsplatz wie Zappos, wo Beschäftigte angeblich »ihre Jobs lieben« und wo die Work-Life-Balance durch die Work-Life-Integration ersetzt worden ist, gibt es keinen Grund mehr, sich Gedanken zu machen über die »Kastrationsschere«, vor der Raoul Vaneigem warnte, denn die beiden Klingen – Arbeit und Freizeit – sind nun ganz eins geworden. Aber wenn es nichts außerhalb der Arbeit zu geben scheint, kann sich das »Tun, was du liebst« leicht in einen Alptraum verwandeln. Wie eine Studie aus dem Jahr 2015 zeigt, fühlen sich viele Büroangestellte, auch wenn sie behaupten, mit ihren Jobs zufrieden zu sein, ausgebrannt. Tokumitsu bemerkt dazu:

> »Mantras wie ›Tu, was du liebst‹ und ›Folge deinem Glück‹ bemänteln oft eine rücksichtlose Ideologie der Non-Stop-Produktion und Konsumtion mit dem behaglichen Komfort der Selbstsorge und des Vergnügens.«[34]

Wenn Glück nicht mehr eine Möglichkeit, sondern Notwendigkeit ist, dann müssen die Beschäftigten nicht nur über ihr Glücklichsein berichten, sondern ihm auch aufrichtig Ausdruck verleihen.

Da die Grenze zwischen Arbeit und Nicht-Arbeit verschwunden ist und von immer mehr Menschen erwartet wird, dass sie nach Glück durch Arbeit streben, sehen wir das Aufkommen dessen, was Byung-Chul Han die »Müdigkeitsgesellschaft« nennt.[35] Nach einem Jahrhundert des stetigen Rückgangs der Arbeitsstunden – von 3000 in 1870 auf 1887 in 1973 – endete dieser Trend abrupt. Von 1973 bis 2006 hatten die durchschnittlichen amerikanischen Arbeitnehmer ihrem jährlichen Arbeitszeitplan 180 mehr Stunden hinzugefügt, während ihre Löhne weitgehend niedrig blieben.[36]

Nicht nur ist Überarbeitung an vielen Orten mittlerweile zur Norm geworden, manche Unternehmen gehen noch einen Schritt weiter und prahlen damit. »Man kann lange, hart oder clever arbeiten, aber bei Amazon.com kann man nicht zwei von drei wählen«, schrieb CEO Jeff Bezos in einem Brief an seine Aktionäre. Ein Bericht in der *New York Times* enthüllte die unmenschliche Arbeitskultur bei Amazon. Einer seiner früheren Marketingleiter, der den Konzern inzwischen verlassen hat, erklärte, dass sein »bleibender Eindruck weinende Menschen im Büro war«.[37]

Auch wenn Amazon Zappos 2009 aufkaufte, hat es Glück nicht zu seiner zentralen Botschaft gemacht. Während es große Unterschiede zwischen den Kulturen dieser Unternehmen gibt, ist unverkennbar, dass auch Amazon sich bei seiner Entwicklung zum Großkonzern von der 70er-Jahre-Version des Human Potential Movement inspirieren lässt. Einige seiner »Grundregeln« sind uns vertraut, nämlich »Mitarbeiter sollen Verantwortung zeigen« (Nr. 2), die Beherrschung jedes Elements der Geschäftsabläufe oder die Forderung, »den Dingen auf den Grund zu gehen«.[38]

»Verantwortung für das eigene Leben übernehmen«, wie die Aufforderung in der Anfangszeit im Esalen Institute ursprünglich lautete, ist nun in vielen Unternehmen zu einem gern verwendeten Slogan geworden. In dem Bericht der *New York Times* wird Amazon als »härter und weniger nachsichtig« als andere Unternehmen beschrieben; es hält Harmonie unter den Mitarbeitern für »überschätzt« und fördert eine Atmosphäre »ehrlicher Kritik«. Laut der Regel Nr. 12 sollen Amazonianer »kritisieren und sich engagieren«, was heißt, sie sollen »die Ideen von Kollegen zerreißen, mit einem Feedback, das so schonungslos sein kann, dass es schmerzt, sich aber dann voll und ganz hinter eine Entscheidung stellen«.

Dies ist eine moderne Version des Perlschen »Schleudersitzes«, wo alle Teilnehmer vortreten, sich ihren Ängsten stellen und ehrliche Selbstkritik üben müssen. Dazu gehört auch, dass sie ihre Gedanken und Ideen mit den anderen teilen, ohne sich selbst zu zensieren. Aber es gibt einen entscheidenden Unterschied. Die Arbeitnehmer bei Amazon beteiligen sich nicht an diesen Aktivitäten, um sich von Autoritätsfiguren zu befreien und ihr wahres inneres Selbst zu finden. Bei ihnen geht es darum, ihre Leistung zu demonstrieren. Sie werden ständig kontrolliert und beurteilt, und die am unteren Ende werden aus dem Unternehmen geworfen. Wie einer der Angestellten sagte, »ist es in jedermanns Interesse, alle anderen zu übertreffen«.[39] Hier verschmelzen die Logik des kapitalistischen Fundamentalismus und die Technik des Human Potential Movement.

Der italienische Philosoph Franco »Bifo« Berardi bemerkt dazu:

> »In einem Zeitalter des kapitalistischen Absolutismus … sind unsere sämtlichen Energien diesem einen Ziel verpflichtet: gegen alle anderen ums Überleben zu kämpfen.«[40]

Bei Amazon hatte eine Angestellte über Jahre ständig hohe Bewertungen erhalten. Dann erkrankte unerwartet ihr Vater, und sie musste sich um ihn kümmern. Wenig später wurde ihr mitgeteilt, dass sie »ein Problem« geworden sei. Wie all die anderen, die nicht die Leistungsziele erreichten, wurde sie entlassen. Niemand setzte sich für sie ein. Ein früherer Personalchef nannte das »zweckmäßigen Darwinismus«. Diese »Philosophie« unterscheidet sich kaum von Werner Erhards Mantra, dass es keine Opfer gebe. Bei Amazon wurden »diejenigen, die an Krebs, Fehlgeburten und anderen persönlichen Krisen litten«, schnell »hinausgedrängt«.[41] Das ist die logische Schlussfolgerung von Erhards Überzeugung, dass wir für alles verantwortlich sind, was uns widerfährt, ob wir auf der Straße überfallen, von einem Auto angefahren, in ein Konzentrationslager gesperrt werden oder an Krebs erkranken.

Berardi argumentiert, dass eine neue Denkweise entsteht, wenn jeder mit jedem konkurriert. Lohnabhängige fühlen sich allein, »dem erpresserischen Druck des Verdienstes, der Demütigung, des Scheiterns und der steten Drohung ausgesetzt, überflüssig gemacht zu werden.« Soziale Beziehungen brechen zusammen. Jeder fühlt sich schuldig und wirft dem anderen vor, »dass man einander nicht länger helfen kann und jede Form von Solidarität unmöglich geworden ist.«[42]

Das ist aus der Glücksphantasie heute geworden. Arbeit steht nicht in Opposition zu Glück, wie es bei der Beat Generation der Fall war. Noch ist sie ein Weg zum Glück, wie Bertrand Russell es für möglich hielt. Nein, Glück ist eine Verpflichtung, die Beschäftigte erfüllen und mitteilen müssen, selbst an Orten und in Situationen, wo Glück fern zu sein scheint. Die Phantasie vom Glück ist nicht die Phantasie der abhängig Beschäftigten von einem reicheren und interessanteren Arbeitsleben; es ist die Phantasie der Manager, mit ihren Untergebenen machen zu können, was sie wollen. Es ist eine Phantasie, die am besten von Trumps Slogan zusammengefasst wird: »Du bist gefeuert!«

Wie ich im nächsten Kapitel darlegen werde, können wir eine ähnlich denkwürdige Transformation bei den Drogen erkennen. Während in den sechziger Jahren Drogen gemeinhin als ein Weg benutzt wurden, der öden Welt der Institutionen und beruflichen Anforderungen zu entkommen, werden sie jetzt als ein Mittel angepriesen, produktiver und kreativer – kurzum, besser der Arbeitswelt angepasst – zu werden.

Glück durch Drogen

To fathom hell or soar angelic.
Just take a pinch of psychedelic.
Humphry Osmond

Tune In, Turn On, Drop Out

In einem Interview von 1966 mit dem kanadischen Fernsehsender CBC erklärte Leonard Cohen, dass seiner Ansicht nach Glück und Drogen keinesfalls unvereinbar seien. »Alles geht weiter, oder es hört auf«, begann er etwas ausweichend mit seiner dunklen Stimme. »Ich meine, verstehen Sie, wenn du glücklich bist. Es wird so viel geredet über die technische Seite des Glücks: Psychiatrie und Pillen und positives Denken und Ideologie. Aber ich glaube wirklich, dass der Mechanismus da ist, du musst nur für ein oder zwei Momente ruhig werden, und du weißt, wo du bist.«[1]

»Und für dieses Wissen«, fragte die Interviewerin, »brauchen Sie nicht die Hilfe von Drogen oder Alkohol oder sonst was?«

»Nun, es ist keine Frage der Hilfe«, antwortete Cohen, »aber du kannst mit der Vision kooperieren, die der Alkohol dir gibt; du kannst mit der Vision kooperieren, die LSD dir gibt. Alle diese Sachen sind nur Material aus Pflanzen, und sie sind da für uns, und ich denke, wir sollten sie gebrauchen.«

Fast drei Jahrzehnte früher, im Jahr 1938, schaffte der Chemiker Albert Hofmann, während er in dem pharmazeutischen Labor von Sandoz in der Schweiz arbeitete, einen unerwarteten Durchbruch. Er stellte alkaloidähnliche Verbindungen her, die medizinisch positive Wirkungen auf den Uterus haben sollten, und die fünfundzwanzigste Verbindung – LSD-25 genannt – hatte tatsächlich »starke kontrahierende Wirkungen«.[2]

Das Präparat wurde beiseitegelegt. Fünf Jahre später, im Jahr 1943, entschied Hofmann, es wieder hervorzuholen und noch mal zu synthetisieren. Versehentlich schluckte er eine winzige Menge. Doch die reichte schon, um ungewöhnliche Empfindungen hervorzurufen. In der folgenden Woche beschloss er, ein kontrolliertes Selbstexperiment durchzuführen, und nahm, wie er glaubte, »ein lächerlich sichere Menge der Substanz: 250 Mikrogramm«. Diesmal war das Gefühl viel stärker, und er »wurde merkwürdig berauscht, die Form der Zeit verzerrte sich, und phantastische Farben und Formen erschienen vor seinen Augen«.[3] Hofmann hatte ein gefährlich starkes Molekül entdeckt. Er hatte den ersten LSD-Trip der Welt gehabt.

Zu Beginn der 1950er Jahre begann die CIA, sich für die Droge zu interessieren. Es wurde behauptet, dass die Sowjetunion riesige Vorräte an LSD angelegt hatte mit der Absicht, sie im Krieg einzusetzen.[4] Während sich dieses Gerücht als falsch erwies, interessierte sich die CIA auch weiterhin für eine mögliche Verwendung der Droge und finanzierte eine Reihe von wissenschaftlichen Experimenten an verschiedenen Universitäten.

Unterdessen hatte sich der Schriftsteller Aldous Huxley 1953 mit dem Psychiater Humphrey Osmond angefreundet, der damals an einer kanadischen Nervenklinik den möglichen Einsatz von Meskalin bei der Behandlung von Schizophrenie erforschte.[5] Vor ihrem ersten Treffen hatten Huxley und Osmond miteinander korrespondiert, und in diesem Briefwechsel wurde zum ersten Mal mit Bezug auf bewusstseinsverändernde Drogen das Wort »psychedelisch« geprägt. »Um diese triviale Welt erhaben zu machen«, schrieb Huxley, »nimm ein halbes Gramm Phanerothyme.« Und Osmond antwortete: »Um die Hölle zu ergründen oder wie ein Engel zu fliegen, nimm einfach eine Prise Psychedelikum.«[6]

Im Mai jenes Jahres reiste Osmond nach Kalifornien, um Huxley zu treffen. Er hatte eine Dosis Meskalin mitgebracht, die Huxley dann unter der Aufsicht seiner Frau und Osmonds einnahm. Huxley notierte seinen achtstündigen Drogentrip. Bei einem Spaziergang im Garten bemerkte er, dass »sich mein Körper fast ganz von meinem Geist getrennt zu haben schien«. »Es war ein seltsames Gefühl«, fuhr er fort, »dass ›ich‹ nicht zu diesen Armen und Beinen ›dort draußen‹, diesem völlig gegenständlichen Rumpf, diesem Hals und nicht einmal zu diesem Kopf gehörte.« Als er sich im Garten umschaute, war er überwältigt von seiner Schönheit. Ein Liegestuhl wurde der Gegenstand intensiver Faszination: »An den Stellen, wo die Schatten auf seine Leinenbespannung fielen, wechselten sich Streifen von einem tiefen, aber glühenden Indigoblau mit hell leuchtenden Streifen ab, so dass es schwer fiel zu glauben, sie könnten nicht aus blauem Feuer sein.«[7] Huxleys Beobachtungen und Erlebnisse, verbunden mit einer philosophischen und historischen Meditation über das Thema Meskalin, mündeten ein Jahr später in das Buch *Die Pforten der Wahrnehmung*, das schon bald unter der wachsenden Schar der gegenkulturellen Bohemiens, besonders denen mit einem Interesse an Drogen, Kultstatus gewann. Es inspirierte selbst den Namen der Rockband The Doors.

LSD passte perfekt zu der Kultur jener Zeit. Der Bioethiker Carl Elliott bemerkte dazu: »Psychedelische Drogen wurden so wie Sex und Gemeinschaftsleben als Ausdruck nicht bloß des Hedonismus angesehen, sondern auch der Sehnsucht, in Berührung mit authentischen Lebensweisen zu kommen.«[8]

Kaum überraschend stand das Esalen Institute mit seinem Versprechen, Authentizität zu liefern, im Zentrum der psychedelischen Bewegung. Schon von Beginn an konnten Besucher an Kursen teilnehmen, bei denen »bewusstseinsöffnende Drogen« einbezogen waren. Eines der ersten Seminare 1962 trug den Titel »Drogeninduzierter Mystizismus«. Der Kurs blieb in den folgenden Jahren im Programm und zählte zu den beliebtesten des Instituts. Auf der Leseliste standen Aldous Huxleys *Die Pforten der Wahrnehmung* und die *Kosmologie der Freude* das von Alan Watts eigenen Erfahrungen mit LSD berichtete.

Watts, der von Anbeginn bei Esalen dabei war, hatte sich zunächst gesträubt, LSD zu erproben. Er war nicht überzeugt von dem Enthusiasmus, den die Beat-Autoren für Marihuana, Peyote und andere bewusstseinsverändernde Substanzen geäußert hatten. Er hielt sie nicht für die »Pforten zu religiöser Erfahrung«.[9] Aber als er, von Huxley selbst dazu gedrängt, schließlich LSD versuchte, war das Erlebnis so tiefgreifend, dass er beschloss, ein Buch darüber zu schreiben.

In *Kosmologie der Freude,* veröffentlicht 1962, kritisierte Watts heftig das Beharren vieler Philosophen, den Geist vom Körper zu trennen, und stellte fest, dass diese

Dualität »den Menschen von einem selbst gesteuerten in einen selbst frustrierenden Organismus verwandelt«.[10] Östliche Mystik dagegen kennt nicht die Trennung zwischen dem Materiellen und dem Spirituellen, und Watts wollte diese Erkenntnis in der westlichen Kultur verbreiten. Ein Weg dahin war der Gebrauch von psychedelischen Substanzen, und so experimentierte er mit LSD, Meskalin und Psilocybin. Nach der Einnahme dieser Drogen konnte er spüren, wie die Grenzen zwischen Geist und Materie verschwanden. »Die Welt ist gleichzeitig innerhalb und außerhalb meines Kopfes.«[11] Wie Huxley erlebte er eine neue Art der Wahrnehmung und wies ausdrücklich darauf hin, dass das, was er sah, nicht halluzinatorisch war, sondern einfach eine andere Sicht auf die Dinge. »Die Landschaft, die ich sehe«, bemerkte er während eines dieser Trips, »ist immer auch ein Zustand meiner selbst und der Neuronen in meinem Kopf. Den Stein in meiner Hand kann ich mittels meiner Finger fühlen. Und nichts kommt mir fremder vor als mein eigener Körper – das Klopfen des Pulsschlages, das durch eine Lupe betrachtete Auge, der Schock der Erkenntnis, dass ich auch in der äußeren Welt existiere.«[12]

Wie Leonard Cohen, der nahelegte, dass LSD mit Glück zusammenwirken könne, argumentierte Watts, dass »diese Drogen zwar nicht Weisheit vermitteln, aber den Rohstoff der Weisheit liefern«. Sie könnten dabei helfen, das wahre Wesen der Freude zu erkennen.

Timothy Leary und Richard Alpert, zwei Ikonen der Gegenkultur, die das Evangelium vom LSD und seiner positiven Wirkungen predigten, lobten Watts' Buch und nannten es »wahrscheinlich die beste Beschreibung des Mystizismus im modernen Raumzeitalter.«[13] In ihrem Vorwort beschrieben sie es als eine starke Kritik der »Politik des Nervensystems«, eine Politik, die »den Geist gegen das Gehirn stellt, der tyrannische Intellekt, der sich vom Organismus und der Welt, von der er ein Teil ist, trennt, der zensiert, alarmiert und beurteilt«. Sie behaupteten, dass die Politik des Nervensystems ein das Bewusstsein kontrollierendes System sei. Seine Funktion bestünde darin, die Art und Weise, wie Menschen denken und sich verhalten, zu reglementieren und zu zensieren. Und LSD, dachten sie, ließ sich als ein Instrument gegen ein solches System verwenden. Es konnte ein ausgeprägtes Gefühl für Freiheit hervorrufen – »Freiheit von der überkommenen Denkweise«. Die Freiheit, sein Bewusstsein über das artefaktische kulturelle Wissen hinaus zu erweitern. Die Freiheit, »von der ständigen Beschäftigung mit den Spielen der verbalen Ebene – den Spielen der Gesellschaft, den Spielen des Ichs – zur freudigen Einheit mit jenem Universum zu gelangen, das jenseits davon existiert.«[14]

Anfang 1960 ersonnen Leary und Alpert als junge Psychologen am Harvard Center for Research in Personality eine Reihe von Experimenten mit psychedelischen Drogen, besonders Psilocybin, eine synthetische Form des Meskalins. Beide wurden bald von der Universität entlassen und gründeten ihre eigene Organisation, die International Foundation for Internal Freedom. »Ich verließ Harvard 1963«, schrieb Leary später, »gab die Rolle des konventionellen akademischen Wissenschaftlers auf und wurde, ohne es zu wissen, Schamane und ein aktiver Change-Agent.«[15] In den Gegenkulturen der sechziger Jahre galt Leary weithin als der Anführer der psychedelischen Bewegung.

Er war – wie so viele andere mit ihm – zu der Überzeugung gekommen, dass psychedelische Drogen nicht nur ein Weg waren, neue Dimensionen des Selbst und seiner engen Beziehung zur materiellen Welt zu erforschen, wie

Huxley es vorgeschlagen hatte. Es gab auch eine soziale und politische Dimension, und LSD konnte als Waffe gegen eine repressive Gesellschaft verwendet werden. Von daher waren psychedelische Substanzen nicht bloß eine Sache der Chemie, sondern auch eine der Poltik. Sie versprachen eine Revolution. Walter Truett Anderson drückte es in seinem 1983 erschienenen Buch *The Upstart Spring* so aus: Es gab einen Glauben, dass »psychedelische Drogen die transzendente religiöse Erfahrung in jedermanns Reichweite bringen, das alte Bewusstsein abschaffen, das die Quelle jeder Unterdrückung ist, und in kurzer Zeit die Welt verändern.«[16]

Leary sprach offen über den Dank, den er Huxley schuldete, und nannte *Die Pforten der Wahrnehmung* eine großartige Quelle der Inspiration. In der Hoffnung, seine Unterstützung zu gewinnen, besuchte Leary ihn 1962. Aber Huxley war nicht beeindruckt. In einem Brief an Osmond schrieb er über Leary: »Er redete so einen Unsinn.«[17]

Doch Huxleys Ablehnung beeinträchtigte Learys Popularität kaum. Der amerikanische Autor Adam Smith stellte 1975 in seinem Buch *The Powers of Mind* fest: »Leary glaubte, er stehe kurz vor einer Revolution.«[18] Was auch immer damals geschah, Leary war an vorderster Stelle, und 1967 hatte er seinen historischen Auftritt im Golden Gate Park, wo er zu Zehntausenden sprach. Die Menschen hatten sich zu einem riesigen friedlichen Protest gegen ein neues kalifornisches Gesetz versammelt, das LSD verbot. In seiner Rede lieferte Leary einen unvergesslichen Slogan, der schnell zum Synonym der Bewegung wurde. »Tune in, turn on, drop out [Stimm dich ein, fahr ab, brich aus]«, rief er. Zwar hatte Marshall McLuhan den Satz zuerst geprägt, freute sich aber, dass Leary ihn benutzte. Für Leary ging es bei Drogen nicht nur darum, high zu werden und in den inneren Kosmos zu reisen. Sie konnten auch dem größeren Ziel dienen, aus der Gesellschaft auszusteigen: »Ich meine«, sagte er in seiner Rede, »brecht die Highschool ab, brecht das College ab, brecht die Uni ab.«

Wenige Jahre nach der zufälligen Entdeckung in einem Schweizer Labor war LSD ein zentrales Symbol für eine Generation geworden, die nicht nur ihr frustriertes Bewusstsein ändern, sondern auch die alte Welt stürzen wollte. Die Droge wurde ein Symbol für die Revolution, von der sie träumten, für ein Leben authentischen Glücks – jenseits der durch Institutionen ausgeübten sozialen Kontrolle, jenseits väterlicher Autoritätsfiguren und jenseits von Selbstzensur, Repression und Verzicht. Es war die Phantasie vom Glück, gegründet auf Wilhelm Reichs Traum von natürlichem und sexuellem Glück, wenn auch in der Form einer Substanz, die dazu gedacht war, »den kleinen Mann« zu töten, das strafende Überich loszuwerden und das Individuum zu befreien.

Aber wie wir sehen werden, waren es nicht nur libertäre Renegaten wie Leary, die die verändernde Kraft der Drogen verkündeten. Etwa zur selben Zeit starteten Pharmaunternehmen und Psychiater Kampagnen, in denen sie den Gebrauch chemischer Substanzen in dem Streben nach Glück oder in dem Kampf gegen Unglück priesen.

Argumente gegen Medikamente

Wie Huxley war der in Ungarn geborene Psychiater Thomas Szasz von Timothy Leary nicht beeindruckt. Wenige Jahre vor seinem Tod beschrieb Szasz Leary als einen »abtrünnigen Katholiken und entlassenen Psychologen«, der »eine narzisstische, nihilistische und dürftige Botschaft predigte, gerichtet an junge Menschen, die vor der Aufgabe stehen, erwachsen zu werden und der Welt verantwortlichen Erwachsenseins beizutreten«.[19]

Auch wenn Szasz glaubte, dass Erwachsene die Freiheit haben sollten, Drogen zu nehmen, wenn ihnen danach ist, sah er in ihnen aber nicht wie Leary ein Mittel, eine Revolution herbeizuführen. Vielmehr vertrat Szasz eine völlig andere Vorstellung dessen, was es bedeutet, ein Mensch zu sein, und er schrieb den Drogen nicht das gleiche Potential zu wie Leary. Tatsächlich glaubte Leary, dass »der Mensch nicht weiß, wie er seinen Kopf benutzen soll, dass das statische, repetitive Normalbewusstsein die Quelle der ›Un-Behaglichkeit‹ [dis-ease] ist und dass es die Aufgabe ist, die neurochemischen Substanzen für die Bewusstseinsveränderung zu entdecken«, und dass »LSD möglicherweise eine solche Droge ist«.[20]

Für Szasz jedoch bestand das Problem nicht darin, dass Menschen in ihrem »Normalbewusstsein« gefangen sind und durch die Einnahme von LSD befreit werden müssen. Ihn beunruhigte, dass die Medizinwissenschaften das Normalbewusstsein pathologisierten. Ob Psychedelika oder Beruhigungsmittel, Szasz vermochte in solchen Medikationen kein befreiendes Potential zu sehen.

1963, in dem Jahr, da Leary von Harvard entlassen wurde, prägte Szasz den Begriff »therapeutischer Staat«. Der Ausdruck sollte das bezeichnen, was er als »die politische Union von Medizin und Staat« sah, wo Ärzte »eine ähnliche zweideutige Doppelrolle spielen wie Priester, als Kirche und Staat vereinigt waren«.[21] Szasz war nur einer in einer wachsenden Gruppe von Kritikern – manchmal nachlässig und wenig hilfreich Antipsychiater genannt –, die versuchten, mehr Aufmerksamkeit auf die soziopolitische Seite der Psychiatrie zu lenken.[22] Auch wenn es organisierten Widerstand gegen die Psychiatrie schon im späten neunzehnten Jahrhundert gab, kam es erst in den 1950er Jahren mit dem Aufkommen der antipsychotischen Arzneimittel dazu, dass die Theorie und Praxis der Psychiatrie einer kritischen Überprüfung unterzogen wurden.

Während die CIA LSD-Experimente an Universitäten finanzierte in der Hoffnung, mehr über den potentiellen Nutzen der Droge für die Bewusstseinskontrolle zu erfahren, waren Kritiker wie Szasz damit beschäftigt, ihr Unbehagen gegenüber einer zunehmend repressiveren Gesellschaft zu äußern, die sich bei der Psychiatrie und Medizin bediente, um ihre Reichweite auszudehnen. 1961 veröffentlichte Szasz sein erstes bahnbrechendes Werk, *Geisteskrankheit – ein moderner Mythos*, in dem er die These vertrat, dass die Psychiatrie nur eine Pseudowissenschaft sei, die man am besten der Astrologie oder Alchemie verglich.[23] Geisteskrankheit, konstatierte er, sei überhaupt keine Krankheit, sondern ein bloßer Mythos, von Psychiatern erfunden mit der Absicht, Kontrolle über das menschliche Verhalten zu bekommen. In einem anderen Buch schrieb er: »So wie es kein Ei in der Eierpflanze gibt, gibt es auch keine Krankheit in der Geisteskrankheit.«[24]

Einige Jahre zuvor hatte der niederländische Psychiater Joost Meerloo ähnliche Bedenken geäußert. In seinem Buch *The Rape of the Mind* von 1956 warnte er vor den neuen Medikamenten, die nun auf den Markt drängten, und riet seinen Kollegen, sie nicht blind zu akzeptieren. Auch wenn Meerloo kein Medikament ausdrücklich nannte, so ist doch zu vermuten, dass er sich auf die umstrittenen neuen Antipsychotika bezog, die zu der Zeit eingeführt wurden. Als praktizierendem Psychiater war ihm das Aufkommen einer Propagandakampagne aufgefallen: »Mein Schreibtisch quillt über vor Geräten und bunten Pillen, die mir sagen, dass ohne sie die Menschheit nicht glücklich sein kann.«[25] Meerloo riet seinen Kollegen davon ab, »Sedativa und Stimulantien« in solchen Fällen zu verschreiben, wo sie als Ärzte vielmehr nach den »tieferen Ursachen der Probleme« suchen sollten. Meerloo machte sich Sorgen, dass der »Triumph des Therapeutischen« (Philip Rieff) einen ziemlich naiven Glauben beinhaltete, nach dem alle Menschen, egal, wie ernst ihre Leiden sind, schnell und leicht wieder in einen Zufriedenheitszustand versetzt werden können. Am meisten beunruhigte ihn, dass Ärzte wie er selbst aufhören, nach den eigentlichen Ursachen des Leidens der Patienten zu suchen, und es sich stattdessen leicht machen und Medikamente verschreiben würden. Solch eine instrumentelle Einstellung zum menschlichen Verhalten, argumentierte Meerloo, könnte verheerende Wirkungen auf die Freiheit und Unabhängigkeit des Individuums haben. Er sah das Aufkommen einer invasiven Politik, die darauf abzielte, »den menschlichen Geist zu unterwerfen und servil zu machen«. Zugespitzt gesagt: »Medikamente und ihre psychologischen Entsprechungen können Menschen auch versklaven.«[26]

Interessanterweise bediente diese Propagandakampagne sich des gleichen Vokabulars wie die psychedelische Bewegung. Leary nannte sich einen Schamanen und aktivistischen Change-Agenten. Durch den Gebrauch der

Drogen sei er fähig geworden, die Konventionen der Gesellschaft zu durchschauen. Sie hätten ihm geholfen zu erkennen, dass Glück nicht durch bourgeoise Normen zu finden sei. Es sei nicht zu erlangen, indem man Teil stabiler Institutionen ist, sei es die Familie, die Schule oder die Arbeit. Glücklich werden könne man nur, indem man aussteigt, das heißt, indem man sich von allen repressiven Kräften der organisierten Gesellschaft trennt und sich selbst befreit.

Für Meerloo dagegen war das eine Illusion – die gleiche Illusion, die das Establishment der Therapeuten mit ihren Medikamenten nun ausnutzte. Es verbreitete aktiv »die Fiktion, dass wir nur Wunderarzneien einnehmen müssen, um frei handelnde Akteure zu werden«.[27] Aber statt die Menschen zu befreien, argumentierte Meerloo, machen diese Medikamente sie zu Abhängigen. »Medikamente und medizinische Techniken können dazu benutzt werden, Menschen zu angepassten und gehorsamen Wesen zu machen«,[28] konstatierte er und fügte etwas verschwörerisch hinzu, dass »von chemischen Substanzen Abhängige schwache Menschen sind, die von irgendeinem tyrannischen Machthaber ausgenutzt werden können«.[29]

Hier sehen wir zwei entgegengesetzte Theorien der Beziehung zwischen Medikamenten und Glück. Auf der einen Seite stand Leary, für den Drogen das Potential haben, ein ungeahntes Glücksgefühl zu erzeugen, das sich auf Authentizität und Lebensfreude gründet. Auf der anderen Seite stand Szasz, für den Drogen jede Form authentischen Glücks verhindern. Für ihn war eine Vorstellung von chemischem Glück narzisstisch und nihilistisch.

Auch Szasz war gegenüber institutionellen Mächten und ihrem Zugriff auf Individuen kritisch. Aber er sah keinerlei revolutionäre Kraft in der Anwendung von Arzneimitteln oder psychiatrischer Behandlung. Menschen unter dem Einfluss von Medikamenten wurden nicht freier und fähiger, sich mit ihren Emotionen zu verbinden, eher ließen sie sich leichter missbrauchen. Schnell konnten sie in eine psychiatrische Maschinerie geraten, die sie unterwürfiger und gefügiger machte. Die Art von Glück, die Medikationen herbeiführten, war nicht ein Glück der Authentizität, sondern eines der Inauthentizität. Sobald Menschen auf Medikamente angewiesen waren, hatten sie etwas von sich verloren. Sie waren abhängig geworden, nicht unabhängig.

In verschiedenen Formen und Aspekten wurde diese Kritik in den folgenden Jahrzehnten weiterhin gegen das psychiatrische Establishment gerichtet. Das Bild des mit Psychopharmaka behandelten Individuums war ein Bild des Verlustes, von jemandem, der nicht mehr er oder sie selbst war. Vielleicht das eindringlichste (und bleibende) Bild des medikalisierten Patienten findet sich in Ken Keseys Roman *Einer flog über das Kuckucksnest* aus dem Jahr 1962. Er beschreibt die Szene mit Patienten, die im Tagesraum sitzen und alle mit sich selbst beschäftigt sind, als traurig und lustig zugleich. »Wie in einer Comicwelt«, schreibt Kesey, »wo die Figuren flach und mit schwarzen Linien umrandet sind, bewegen sie sich ruckartig durch irgendeine blödsinnige Geschichte, die vielleicht wirklich lustig wäre, wenn diese Comicfiguren nicht Menschen aus Fleisch und Blut wären ...«[30] Als eine Lautsprecherstimme ansagt, dass es Zeit für die Verabreichung der Medikamente ist, stellen sie sich in einer Reihe auf, bekommen einen Papierbecher mit ihren Tabletten, schlucken sie und sind nicht mehr real – doch vollkommen gefügig und kontrollierbar.

Prozac und das Versprechen der Authentizität

Und dann, 1987, kam Prozac. Wie die Medikamente, die den Patienten in Ken Keseys Dystopie verabreicht wurden, hatte Prozac eine tiefgreifende Wirkung. Aber statt die Kanten zu glätten und die Person gefügiger und konformistisch zu machen, bewirkte Prozac das Gegenteil: Es gab das Gefühl, real zu sein. Zumindest behaupteten das seine Anwender.

In seinem Bestseller *Glück auf Rezept* aus dem Jahr 1993 schilderte Peter Kramer, wie eine seiner Patientinnen, Tess, überraschend positiv auf Prozac reagierte. Ihr war, als wäre sie plötzlich lebendig geworden. Sie hatte nicht ihr Selbstwertgefühl verloren, sondern schien es endlich gefunden zu haben. »Mir geht es besser«, berichtete sie Kramer, »ich bin wieder ich selbst.«[31] Zum ersten Mal in ihrem Leben begann sie, mit Männern auszugehen. Ihr gefiel nicht nur die Aufmerksamkeit, sondern sie genoss auch das komplexe Spiel der Geschlechter. »Ich hatte vorher noch nie beobachtet, dass sich das Sozialleben eines Patienten so schnell und so grundlegend verändert hatte«, schrieb er.[32]

Tess versuchte dann, von dem Medikament wegzukommen. Es funktionierte eine Weile. Dann rutschte sie ab. Sie kontaktierte Kramer und erklärte ihm: »Ich bin nicht ich selbst.«[33]

Kramer war verblüfft: Mit dem Medikament fühlte sich Tess real, ohne es unwirklich. Auch wenn er sich nicht sicher war, ob sie zu der Zeit an Depressionen litt, konnte er zweifellos sehen, dass sie auf dem falschen Weg war, und verschrieb ihr wieder das Medikament. Und glücklicherweise wirkte es. Erneut fühlte sie sich als sie selbst.

Prozac war seit seiner Einführung 1987 ein beliebtes Medikament. Aber erst nach den Gesprächen mit Tess verstand Kramer den wahren Grund für seinen Erfolg: Es vermittelte Menschen das Gefühl, authentisch zu sein.[34]

Während sich Kramer für Tess freute, spürte er auch ein Unbehagen. Was war mit all den charakteristischen Eigenschaften geschehen, die sie zuvor mit ihrem Selbstgefühl verbunden hatte? Waren sie einfach ausgelöscht? War ihre ganze Vergangenheitsgeschichte falsch, als hätte jemand bei ihrer Geburt die Bänder durcheinandergebracht? Kramer schrieb dazu: »Plötzlich sind solche intimen und wesensbestimmenden Züge nicht mehr ein unverrückbarer Bestandteil der Persönlichkeit, sondern fremd, falsch, eine Krankheit – das heißt, dass ein bestimmter Zustand von Geist und Körper, der eine Person von Generation zu Generation mit ihren Verwandten und Vorfahren verbindet, jetzt etwas ›anderes‹ ist.«[35] Prozac hatte Tess ein neues Gefühl dafür gegeben, wer sie war. Sie konnte sich eine neue Selbsterzählung konstruieren und Fragen der Gesundheit und des krankhaften Verhaltens völlig anders bewerten. Sie hatte, so Kramer, »ohne Medikament das Gefühl, dass sie, wenn sie ihren alten Zustand wieder erreichen wollte, Prozac brauchen würde, um sich wieder als ›sie selbst‹ zu fühlen. In diesem Sinne war sie ein Leben lang von Medikamenten abhängig …«[36]

Was an diesem Fall fasziniert, ist die Feststellung, dass Tess sich nicht bloß »verbesserte« oder »weiterentwickelte«. Geradezu dramatisch hatte sie ihre Erfahrung dessen, wer sie war, verändert. Sie hatte ihr *wahres* Selbst gefunden.

In seinem Buch *Better Than Well: American Medicine Meets the American Dream* legt der amerikanische Philosoph Carl Elliott überzeugend dar, dass in einem Zeitalter, da Authentizität als eine moralische Aufforderung erlebt wird, alle möglichen Technologien zur Selbstverbesserung, einschließlich der Medikamente, eine neue Bedeutung annehmen. Sie geben dem Einzelnen das Gefühl, real zu sein:

> »Dies hilft, die Zugkraft der Rede von der Authentizität der Verbesserungstechnologien zu erklären. Es ist eine Möglichkeit, sie vor sich selbst zu rechtfertigen und der eingebildeten Kritik zu begegnen, dass sie für Schwindel, Narzissmus und Statusstreben stehen. Nein, sie sind nichts dergleichen, sagst du; erst als ich das Facelift bekam, mit Steroiden begann und mich einer Geschlechtsumwandlung unterzog, fühlte ich mich wirklich wie ich selbst.«[37]

Das war auch die Erfahrung, die die Schauspieler-Ikone Cary Grant machte, als er zum ersten Mal als Teilnehmer an einem wissenschaftlichen Experiment LSD nahm. Es hatte ihn völlig verändert, berichtete Elliott. Die Droge half ihm dabei, »alle Schichten der Eitelkeiten, der Heuchelei und Verstellung abzuschälen, die er in seinem Sozialleben entwickelt und ausagiert hatte«. Auf LSD konnte Grant zum ersten Mal in die innere Kammer spähen und entdecken, wer er wirklich war.[38]

Aber natürlich hatten nicht alle so viel Glück, sich selbst durch Drogen, sei es LSD oder Prozac, zu entdecken. In seinem Buch *Is It Me or My Meds? Living with Antidepressants* erzählt der Soziologe David A. Karp zahlreiche Geschichten von Menschen nach, die depressiv waren und Drogen nahmen. Einer der Interviewten rang um seine Identität: »Ich fühle mich unter Drogen nicht wie dieselbe Person. Vielleicht bin ich in der Zeit ein besserer Mensch, aber nicht der, der ich bin.« Eine

Frau Anfang sechzig erklärte, wie ihr Therapeut ihr versprach, dass sie durch die Tabletten sich selbst näher sei, aber tatsächlich habe sie sich gefühlt, als ob »die Tabletten mich von mir wegnähmen, sie machen aus dir etwas anderes«. Eine weitere etwa gleichaltrige Frau beschrieb eine ähnliche Erfahrung. Unter dem Einfluss der Medikamente »konnte ich nicht denken. Ich konnte nicht einmal Auto fahren. Ich war nicht ich. Und das ist ein schreckliches Gefühl.«[39]

Nicht jeder erlebte das gleiche Gefühl der Selbstentdeckung wie die Patientin Tess. Vielen erging es so, als wäre ihnen ihr wahres Selbst abhandengekommen. Auch wenn sich die Geschichten der Patienten unterscheiden, so haben sie doch eines gemeinsam, und das ist ihr Beharren, die Medikamente in Bezug auf ihr Selbstgefühl zu bewerten und ob sie ihnen helfen oder nicht, sich als authentisches Ich zu erleben. Vielleicht sagen diese Geschichten weniger über Medizin und Psychiatrie als über die Schwierigkeiten, sich authentisch zu fühlen.

Gemäß der Phantasie vom Glück kann man nicht glücklich sein, solange man nicht sein wahres inneres Selbst entdeckt hat. Psychiatrische Diskurse und Pharmazeutika sind keineswegs getrennt von den Normen und Werten der Gesellschaft. Unsere Erfahrungen mit Medikamenten und Therapien werden stark von kulturellen Strömungen beeinflusst. Aber wie wir gleich sehen werden, spiegelt die Psychiatrie die Glücksphantasie nicht einfach wider, sondern ist auch maßgeblich daran beteiligt, die Phantasie dessen zu formen, was es bedeutet, ein glückliches und gesundes menschliches Wesen zu sein.

Die Pathologie des Glücks

In einem 1992 im *Journal of Medical Ethics* veröffentlichten Aufsatz schlug Richard P. Bentall, Professor für klinische Psychologie, vor, Glück solle als eine psychiatrische Störung klassifiziert und in das *DSM* (Diagnostisches und statistisches Handbuch für psychische Störungen) aufgenommen werden. Herausgeben von der American Psychiatric Association (APA), ist das DMS das Standardhandbuch, das von Psychiatern benutzt wird, um den Überblick über die stetig wachsende Liste der Diagnosen zu behalten; inoffiziell gilt es als »Bibel der Psychiatrie«.[40] Bentall vertrat (ironisch natürlich) die These, dass Glück »statistisch anomal ist, aus einer unterschiedlichen Ansammlung von Symptomen besteht, mit einer Reihe kognitiver Abnormitäten verbunden ist und wahrscheinlich das abnormale Funktionieren des zentralen Nervensystems reflektiert«.[41] Es ist eine Krankheit, in der sich »ein Mangel an Kontakt zur Realität« zeigt. Bentall empfahl den Gebrauch des Terminus »große affektive Störung, angenehmer Typus«, um »wissenschaftliche Präzision« sicherzustellen und »alle möglichen diagnostischen Ambiguitäten«[42] zu reduzieren.

Als 1952 der 132seitige Band des DSM herauskam, war er von Kontroversen begleitet. Eine psychologische Studie hatte drei Jahr zuvor nachgewiesen, dass Psychiater nicht in der Lage waren, die gleichen Kriterien anzuwenden, wenn sie die Diagnose eines Patienten feststellten. Selbst wenn sie genau dieselben Informationen über einen Patienten bekamen, stimmten sie nur bei 20 Prozent der Fälle überein. Zahn Jahre später, 1962, zeigte eine Folgestudie, dass Psychiater eher noch häufiger verschiedener Meinung waren.[43]

Trotz der hochgesteckten wissenschaftlichen Ansprüche bei dem Versuch, alle erdenklichen Formen psychischer Erkrankungen zu katalogisieren und zu definieren, ist das DSM ein Produkt seiner Zeit und wird von den jeweils vorherrschenden Wertvorstellungen geprägt. Bekannt ist das Beispiel, dass Homosexualität bis 1973 als eine psychiatrische Diagnose aufgelistet war. Und selbst danach lebte sie noch einige Jahre weiter unter dem Fachterminus »ichdystonische Homosexualität«, der sich auf diejenigen bezog, die nicht durch Wahl, sondern ungewollt schwul waren und deshalb therapeutische Unterstützung benötigten. Der Psychologe Gary Greenberg bemerkte dazu:

> »Es war eine Win-win-Situation: Schwule wurden nicht mehr bizarren und sinnlosen Therapien unterworfen (oder der psychiatrisch unterstützten Diskriminierung), die APA wurde nicht mehr durch Proteste an den Pranger gestellt, und Therapeuten konnten überall weiterhin Versicherungsdollar bekommen, um schwule Patienten zu behandeln.«[44]

Im Laufe der Jahre hat das DSM an Umfang zugenommen: von 134 Seiten in der 1968 veröffentlichten zweiten Überarbeitung, auf 500 Seiten im 1980 auf den Markt gebrachten DSM-III und schließlich auf 886 Seiten im DSM-IV, das 1994 herauskam.

Die jüngste Auflage, *DMS-V*, von 2013, hat knapp unter 1000 Seiten. Während ich keine Lust habe, mich in eine bereits vergiftete Debatte zu stürzen, ist es beachtenswert, dass die letzte Überarbeitung des Handbuchs nicht nur weitaus größer an Umfang ist als die vorherigen Auflagen, sondern auch inklusiver. Es hat den sogenannten »präventiven Ansatz« übernommen, was bedeutet, dass frühe Anzeichen einer Störung schon ausreichen können, um als Diagnose klassifiziert zu werden. Wenn ein Kind mehr als drei Wutanfälle pro Woche bekommt, mag das für die Diagnose »Affektive Dysregulation« genügen. Isst jemand bei zwei oder mehr Gelegenheiten in einer Woche mehr als er oder sie sollte, dann könnten sie an »Essattacken mit Kontrollverlust« leiden. Vergisst man Namen und Gesichter, fühlt sich verwirrt oder gelegentlich allzu überschwänglich, dann kann eine der folgenden Diagnosen zutreffen: »Leichte neurokognitive Störung«, »Gemischte Angst- und depressive Störung« oder womöglich »Erwachsenen-Aufmerksamkeitsdefizitsyndrom«.

Wie können wir diese explosionsartige Zunahme der Diagnosen erklären? Während Psychiater zweifellos im Mittelpunkt dieses Trends stehen, sind sie nicht allein verantwortlich. Pharmaunternehmen spielen auch eine aktive Rolle. Um beispielsweise von der Food and Drug Administration (ein weiterer wichtiger Akteur in der Pharmapolitik) ein neues psychotropisches Medikament genehmigt zu bekommen, müssen sie es mit einer bestimmten Diagnose verbinden. Und das heißt etwas vereinfacht ausgedrückt: Je inklusiver eine Diagnose ist, desto mehr Menschen wird sie umfassen – was wiederum höhere Umsätze verspricht.

In seinem Buch *White Coat, Black Hat* nimmt Carl Elliott den Leser mit auf eine lehrreiche Reise durch die dunklen Ecken der Pharmaindustrie und deckt unter vielen anderen Dingen auf, wie Pharmakonzerne ihre Medikamente auf raffinierte Weise vermarkten. Zum Beispiel holen sie sich Ghostwriter für »wissenschaftliche Artikel«, in denen sie Ergebnisse präsentieren, die dem jeweiligen Medikament gegenüber positiv eingestellt sind, sei es indem sie seinen Nutzen übertreiben oder seine

Nebenwirkungen kleinreden. Ein Unternehmen für medizinische Kommunikation namens Current Medical Directions wurde von dem Pharmariesen Pfizer bezahlt, um eine Reihe von Forschungsberichten zu dem Antidepressivum Zoloft zu produzieren. Eine unabhängige Untersuchung, geleitet von David Healy und Dinah Cattell, deckte auf, dass Current Medical Directions während des Zeitraums, da sie von Pfizer bezahlt wurden, mehr Artikel über Zoloft veröffentlicht hatte als alle anderen unabhängigen Forscher zusammen. Und wenig überraschend präsentierten die von Current Medical Directions produzierten Artikel Zoloft in einem günstigeren Licht als diejenigen Studien, die unabhängig erstellt waren.[45] Dies ist nur eine der Strategien, die von Unternehmen angewendet werden, um die Umsätze ihrer Medikamente zu steigern.

Inzwischen nehmen 11 Prozent aller Amerikaner über 12 Jahre Antidepressiva, und das kann nicht allein mit cleveren Marketingstrategien erklärt werden. »Der Pharmaindustrie die Schuld an der Medikamentensucht anzulasten«, schrieb Ivan Illich 1975 in seinem Buch *Die Nemesis der Medizin*, wäre so unsinnig, »als wollte man die Mafia für den illegalen Drogenkonsum verantwortlich machen.«[46] Um die Beliebtheit gewisser Arzneimittel zu verstehen, müssen wir ihre Nützlichkeit in Hinsicht auf die Anforderungen, denen sich die Menschen gegenübersehen, bedenken. In der gegenwärtig vorherrschenden Ideologie, die sich auf rücksichtlose Konkurrenz gründet, wird von den arbeitenden Menschen erwartet, sich mit aller Kraft zu einer Marke zu machen, sich zu vernetzen und nach neuen Möglichkeiten zu suchen. Diese Anforderungen sind zu tief verinnerlicht, um einfach ignoriert zu werden. Sie lassen sich auch nur schwer erfüllen, was die Narzissten wider Willen am besten wissen. Schockierend oder nicht, bestimmte Arzneimittel können nützlich sein für Menschen, die sich ansonsten schwertäten, die Erwartungen zu erfüllen, die an sie gestellt werden, sei es sich gesellschaftlich zu engagieren oder sich auf die Arbeit zu konzentrieren.

Aber auch wenn der Zweck vieler Medikamente darin besteht, Menschen dabei zu helfen, mit den verschiedenen sozialen Anforderungen fertig zu worden, ist das etwas, über das, wie Elliott in *Better Than Well* schreibt, die Pharmaunternehmen nur mit Vorsicht sprechen können. Ende der sechziger Jahre startete der Pharmakonzern Sandoz eine Marketingkampagne für Serentil, ein Medikament, das ängstlichen Menschen hilft, sich besser anzupassen. »Gegen die Angst, nicht dazuzugehören«, lautete der Slogan und versprach, ängstlichen Menschen den Umgang mit Bossen, Freunden und Verwandten zu erleichtern. Diese Kampagne wurde später verboten. Nach Elliott verriet die Anzeige allzu unverhohlen, dass das Medikament nicht ausschließlich dafür gedacht war, eine Erkrankung zu heilen, sondern auch Menschen helfen sollte, mit sozialem Druck fertigzuwerden.[47]

Die Glücksphantasie zu leben, ist heutzutage nicht leicht. Sie setzt die Fähigkeit voraus, als ein menschliches Wesen authentisch zu sein, das Leben voll auszukosten, sich erfolgreich zu einer Marke zu machen und es auf dem Markt zu schaffen. Diese Werte sind nicht nur anspruchsvoll in sich, sondern können auch unvereinbar sein, wenn sie gleichzeitig verfolgt werden. Es ist daher nicht verwunderlich, dass nicht wenige Menschen in ihrem Bestreben, effektiver zu werden und beruflichen Erfolg zu erreichen, zu Medikamenten und Drogen greifen.

Der Konformismus der smarten Drogen

Für Timothy Leary war LSD mehr als nur eine spirituelle Erfahrung. Es half ihm, eine neue Lebensweise zu entdecken und sich von den bürgerlichen Konventionen seiner Herkunft zu befreien. Mit Hilfe der Droge konnte er sich den Zumutungen entziehen, die ihm Schule, Arbeit und Familie aufgebürdet hatten. Ja mehr noch, mit LSD musste er nicht erwachsen werden. Er musste nicht arbeiten. Er konnte »einsteigen, abfahren und sich ausklinken«. Er konnte einfach *sein.*

Im Jahr 2015 probierte ein Reporter beim Magazin *Vice* Modafinil aus, ein Medikament, das in den 1980er Jahren in Frankreich synthetisiert und von der Food and Drug Administration 1998 zur Behandlung von Narkolepsie zugelassen worden war.[48]

Wie andere Nutzer nahm er das Medikament, um seiner Konzentrationsfähigkeit »einen Tritt in den Arsch« zu geben. Als erstes fiel ihm auf, dass er die Lust zu rauchen verlor. Stattdessen war er »hungrig nach Arbeit« und bereit, zusätzliche Aufgaben zu übernehmen. Pflichtbewusst, wenn auch ohne richtigen Appetit aß er seine Mittagspizza, kehrte dann sogleich zu seinem Schreibtisch zurück und arbeitete weiter, statt wie gewöhnlich einen Spaziergang zu machen oder eine Zigarette zu rauchen. Als am Nachmittag sein Boss in sein Büro kam, war er beeindruckt von der Leistung seines Mitarbeiters. Der Reporter arbeitete weiter und fühlte sich genervt von Kollegen, die seine Produktivität unterbrachen. »Die beiläufige Schreibtischplauderei, die ich gewöhnlich genieße und anrege, erschien mir plötzlich anstößig«, erklärte er, »nicht mir gegenüber, sondern schlimmer noch der Arbeit gegenüber.« Alles, was ihm normalerweise gefiel – Spaziergänge, Comedy Shows, ein Joint – kam ihm nun wie Zeitverschwendung vor. Er fasste seine Erfahrung so zusammen:

> »Modafinil mag die Droge mit dem geringsten Spaß sein, die es gibt (zumindest von denjenigen, die ich ausprobiert habe), aber in dem Rattenrennen, das das heutige Leben ist, ist sie wohl die einzige, die Sinn macht. Es ist seltsam, nicht wahr? Die gleichen jungen Leute, die Liebesdrogen wie Ecstasy und Tabletten enthusiastisch begrüßten, stehen jetzt auf Sachen wie Modafinil – das einen ironischerweise nur noch die Arbeit lieben lässt.«

Modafinil und andere Medikamente, die eingenommen werden, um die Konzentration über längere Zeiträume zu verbessern, sind sehr beliebt in amerikanischen Colleges. Einige Umfragen deuten darauf hin, dass bereits jeder siebte Student solche Medikamente benutzt hat, um leistungsfähiger zu sein.[49]

Diese Studenten scheinen nichts von Learys Rat zu halten, »sich auszuklinken«. Vielmehr nehmen sie selbst illegale Drogen, um mit den steigenden Anforderungen und Belastungen fertigzuwerden. Chemische Substanzen werden nicht benutzt, um das Bewusstsein zu erforschen, sondern bestimmte Aufgaben zu erledigen. Dies sind nicht die Drogen des Narzissten, der dem Establishment den Stinkefinger zeigt und aussteigt. Es sind die Drogen der Narzissten wider Willen, die das Zeug schlucken, um dazuzugehören. Sie haben den Anspruch verinnerlicht, produktiver und konkurrenzfähiger zu werden.

Vielleicht ist es unfair, Halluzinogene wie LSD mit psychoaktiven Stimulanzien wie Modafinil zu vergleichen, aber es geht hier nicht um die Drogen selbst, sondern welche Bedeutung sie bekommen in Bezug auf ein spezifisches kulturelles Milieu. Während Modafinil wichtig geworden ist für Produktivität und Konkurrenz, erhielt LSD seine Bedeutung durch Learys Ausstiegsphantasie.

Tatsächlich haben in jüngster Zeit Beschäftigte in dem Bestreben, produktiver zu werden, mit LSD experimentiert. In einem Artikel des *Rolling Stone* von 2015 lernen wir »Ken« kennen, ein fünfundzwanzigjähriger Harvard-Absolvent, der nun für ein Start-up-Unternehmen in San Francisco arbeitet und kleine Dosen LSD schluckt, um seine Kreativität und Produktivität zu steigern. Der Verfasser stellt fest: »Regelmäßige Dosen LSD sind für manche Berufstätige die Kreativitätsverstärker ihrer Wahl geworden.«[50]

Die Ideale der Authentizität und des Hedonismus, die zusammen in den Gegenkulturen der sechziger Jahre auftauchten als ein Versuch, sich von den Ketten der Gesellschaft loszureißen, haben sich nun in etwas ganz Anderes verwandelt. Wenn Collegestudenten leistungssteigernde Medikamente nehmen oder Start-up-Unternehmer Microdosing betreiben, tun sie das nicht, um ihre wahre Individualität auszudrücken oder einen Weg zu mehr Genuss zu finden.

Und doch ist das die Sprache, die heutzutage die Konzerne und das medizinische Establishment verwenden. Immer wieder wird behauptet, dass Arbeit und Geschäftsprojekte Wege für Individuen sind, ihre Besonderheit auszudrücken. Und wir sollen glauben, dass der Diskurs über Beschäftigungsfähigkeit Individuen erlaubt, ihre verborgenen Talente zu entdecken und sich der Welt sichtbar zu machen.

Aber viele wissen, dass das neoliberale Euphemismen

sind, die dem prekären Leben einen Anschein von Normalität geben sollen. Und es scheint so, als ob das auch für den Konsum psychotropischer Medikamente gälte. Sie werden nicht (mehr) mit der Absicht genommen, das authentische Selbst zu entdecken, sondern als ein Mittel, um einen Wettbewerbsvorteil zu bekommen und sich produktiver und hoffentlich erfolgreicher zu machen. Wir sind hier weit entfernt von den Versprechungen des Hedonismus und einem genussvollen Leben.

Was geschieht mit unserer Fähigkeit, Lust in einer Kultur zu erlangen, die sich nicht nur um Arbeit und Konkurrenzdenken dreht, sondern auch um die Vorstellung, dass wir in jedem Moment nach körperlicher und spiritueller Befriedigung streben sollten?

Vergnügen für alle

»Ich habe kein Vergnügen ausgelassen, das mich nicht krank gemacht hat.«

Philip Seymour Hoffman

Die Last der Lust

»Das ist das Paradies«, rief meine Mutter aus, als sie sich mit einem Gin Tonic in einem Plastikglas auf die Sonnenliege neben dem Swimmingpool niederließ. Sie blinzelte in die Sonne und genoss die Wärme. Es war Ende Oktober auf Gran Canaria, und wir hatten früh an jenem Morgen ein kaltes und graues Schweden verlassen. Meine Tochter spielte am Pool mit ihren Cousins. Ich folgte dem Bademeister in seinem weißen T-Shirt und roten Shorts, während er durch den Poolbereich ging und Tabletts mit leeren Gläsern vom Boden aufhob. Es war Spätnachmittag, und die Gäste zogen sich in ihre Hotelapartments zurück, um sich zum Abendessen umzuziehen. Die Temperatur erreichte 32 Grad Celsius.

Für mich war es ein anstrengender Herbst gewesen. Ich freute mich auf eine Woche der Entspannung. Meine Hoffnung war, in der Sonne zu liegen, Bücher zu lesen und auf das hereinrollende Meer zu lauschen. Aber obwohl es nur einen Steinwurf entfernt war, hörte ich von dort, wo ich lag, nie das Geräusch der Wellen. Stattdessen dröhnte aus den Lautsprechern hinter mir laute Musik. Zwanzig Menschen machten seltsame Bewegungen mit Gummibändern, indem sie den muskulösen Mann in ärmellosem Hemd, der vor ihnen stand, nachahmten. Einige Minuten später näherte sich eine junge Frau mit einem Mikrophon: »In fünf Minuten beginnen die Poolspiele. Egal, ob ihr jung oder alt seid, macht mit bei dem größten Poolplanschen aller Zeiten!«

Ich ging in das Restaurant, holte mir ein Bier und zog mich auf meine Sonnenliege zurück.

Jedes Jahr machen drei bis vier Millionen Menschen Urlaub auf Gran Canaria. Erschöpft von der Arbeit und deprimierendem Wetter kommen sie trübsinnig und energielos an und hoffen, eine Woche später sonnengebräunt und aufgefrischt zurückzukehren. Wie meine Familie haben viele der Besucher nicht die Absicht, die Insel zu bereisen und die Kultur zu erkunden. Sie wollen nur am Pool liegen, langsam von den Freigetränken beschwipst werden und die Art von Glück fühlen, die durch Vergnügungen kommt. Während hart arbeitende Reiseführer die Kinder mit zahlreichen Spielen unterhalten, sind die Erwachsenen sich selbst überlassen und können tun, was sie wollen, sei es Yoga, Tauchkurse, Tennis oder, was ich vorzog, überhaupt nichts.

Am Ende der Woche, als ich mit meiner Familie in einem der Restaurants saß und eine Nutella-Pizza aß, ging mir nicht aus dem Kopf, dass dies die konzentrierteste Form des vorgefertigten Hedonismus sein muss, die es gibt. Alles war verfügbar. Unterhaltung vom Morgen bis zum späten Abend. Restaurants, die eine große Auswahl an Gerichten anboten. Bars mit Bier, Wein und Cocktails.

Und die ganze Zeit über uns die gnadenlos scheinende Sonne.

Dies war die Glücksphantasie, die sich auf hemmungslosen Hedonismus gründet. Vor dem Aufstieg der Konsumgesellschaft konnte sich so etwas nur in kleinen Kreisen ereignen, wie etwa bei den berüchtigten Gelagen, die der römische Kaiser Caligula ausrichtete, wo die Gäste eine Überfülle an exotischen Gerichten erwartete und Sklaven Live Sex vorführten. Aber jetzt stehen diese Exzesse Millionen Menschen aus reichen Ländern zur Verfügung, die eine Pause von ihrem gewöhnlichen Leben einlegen und sich ein paar Tage amüsieren wollen.

Verdorbenes Vergnügen

Im Dezember 2012, etwas mehr als ein Jahr vor seinem tragischen und vorzeitigen Tod erschien Philip Seymour Hoffman auf der Bühne des Rubin Museum of Art, um mit dem Philosophen Simon Critchley über Glück zu diskutieren.[1] »Ich habe darüber in der letzten Zeit tatsächlich viel nachgedacht«, sagte Hoffman zu Beginn des Gesprächs, »und es hat nichts gebracht.« Um der Diskussion eine theoretische Grundlage zu geben – um »für einen Moment professoral« zu sein, wie Critchley sich ausdrückte –, präsentierte der Philosophieprofessor als Ausgangspunkt ein einfaches philosophisches Modell des Glücks: »Eine Art, über Glück nachzudenken, ist die, dass Glück ein Genuss ist, und ich mir zum Beispiel …« – Critchley warf einen Blick auf den Kaffeebecher, der auf dem Beistelltisch neben ihm stand – »einen Kaffee wünsche. Ich bekomme ihn, das bereitet mir Genuss, und das macht mich glücklich.« Hoffman dachte eine Weile nach und stellte dann fest:

> »Ich würde ganz klar sagen, dass Genuss nicht Glück ist. Ich töte den Genuss … Ich nehme zu viel davon … zu viel Kaffee, und es geht mir schlecht … Ich habe kein Vergnügen ausgelassen, das mich nicht krank gemacht hat.«

Diese Worte hatten einen schaurigen Nachklang. Am 2. Februar 2014 wurde Hoffman tot in seiner Wohnung gefunden. In seinem linken Arm steckte eine Spritze, und die Polizei fand in seinem Apartment fast fünfzig Briefchen mit Heroin.[2] Aber als Hoffman in der Diskussion über Glück sagte, er töte den Genuss, sprach er nicht einfach nur über seine persönlichen Probleme. Er brachte vielmehr einen besonderen Aspekt der Lust auf den Punkt, an den Psychoanalytiker uns schon seit langem erinnern: Die Lust, die wir zu erreichen hoffen, wird nie so gut und erfüllt sein wie die Lust, die uns schließlich zuteil wird. Ich hatte das aus erster Hand in der einen Woche in dem All-Inclusive-Resort gelernt, wo ich reichlich Gin Tonic trank. Nach wenigen Tagen unermüdlichen Genießens begann ich, mich erschöpft zu fühlen, und bekam Halsschmerzen.

Aber was Critchley in jenem »professoralen Moment« im Sinn hatte, war nicht die Art hedonistischer Exzesse, die Ferienanlagen bieten oder illegale Substanzen, auf die sich Hoffman wohl bezog. Er dachte an die epikureische Lehre, dass Lust »die Wurzel alles Guten« ist und als solche »der Anfang und das Ende eines glücklichen Lebens«.[3] Epikur wird heute oft als der griechische Philosoph bezeichnet, der das angenehme Leben pries. Und auch wenn es wahr ist, dass er Lust für den Weg zum

Glück hielt, wird seine Theorie oft missverstanden. Die Begriffe Lust und Hedonismus, die er hochschätzte, sind weit entfernt von dem, was wir heutzutage mit Vergnügen verbinden.

Epikur wurde 341 v. u. Z. auf der griechischen Insel Samos geboren. Wie ein Beatnik der ersten Stunde verbrachte er seine frühen Jahre auf der Straße, wanderte durch Griechenland, nahm viele Stellen an, etwa als Soldat und dann als Lehrer, bevor er sich schließlich 306 v. u. Z. in Athen niederließ, wo er seine eigene Schule gründete. Nach den überlieferten Beschreibungen scheint die Schule ein angenehmer Ort gewesen zu sein, mit einem langen Tisch im Garten, an dem stundenlang gegessen und über Philosophie diskutiert wurde. So lebte er gemäß den philosophischen Prinzipien, die er lehrte. Geschickt hielt er sich von allen Formen praktischer Verantwortung zurück, nahm nicht mehr als nötig an dem sozialen und politischen Leben Athens teil, verbrachte so viel Zeit als möglich mit seinen engen Freunden in der Schule des Gartens, studierte, schrieb, dachte nach und diskutierte. Für Epikur waren die einfachen Freuden die sublimsten. Er liebte Essen und Trinken, aber ernährte sich einfach und maßvoll, wobei er Fleisch und Wein mied.

Googelt man »Hedonismus« und durchstöbert die Bilder, sieht man Fotos halbnackter junger Leute, die an Stränden tanzen, oder Macho-Männer ohne Hemd, die Unmengen frittierter Hähnchen verschlingen. Für Epikur hatte diese Völlerei nichts mit Hedonismus zu tun. Lust als eine Lebensweise hieß, alle Arten von Exzess zu vermeiden. Sex und Rausch, ganz zu schweigen von Fresssucht, waren nur Abweichungen vom wahren Weg zum Glück. In einem Brief an Menoikeus drückte er es so aus:

»Wenn wir also sagen, die Lust sei das Ziel, meinen wir damit nicht die Lüste der Hemmungslosen und jene, die im Genuss bestehen.«[4]

Genüsse wie ein Libertin zu suchen, sei unsinnig, konstatierte Epikur und nahm damit das gleiche Argument vorweg, das Psychoanalytiker später vorbrachten: Allzu große Hoffnungen daran zu knüpfen, was Lust zu geben vermag, muss unvermeidlich in Enttäuschung enden. Schlimmer noch, die Jagd nach Lust kann in einem Teufelskreis enden. Eine viel bessere Strategie, lehrte Epikur, bestand darin, sich an einfache Lüste zu halten, weil man dadurch Freiheit gewann. Das Beste, was ein Mensch erreichen konnte, war ein Leben ohne Furcht und die Weisheit, dass »das Höchstmaß der Güter leicht zu erfüllen und leicht zu beschaffen ist, das Höchstmaß der Übel aber flüchtige Phasen oder Qualen aufweist«.[5]

Das ist eine optimistische Vorstellung vom Leben, und ich muss zugeben, dass ich mich davon angezogen fühle; gelegentlich denke ich, ich sollte versuchen, mehr wie ein Epikureer zu leben, also weniger Alkohol zu trinken und mehr Gemüse zu essen. Aber ich denke auch, dass diese Vorstellung wohl das paradoxe Wesen der Lust unterschätzt. Epikur erklärt, dass wir nur Wünsche nachgehen sollten, die einfach und notwendig sind, weil der Genuss, den uns etwa das Essen gibt, nicht vom Geschmack kommt, sondern von der elementaren Funktion, den Hunger zu stillen.

In einem All-Inclusive Resort mit einem Drink in der linken Hand und einem Pizzastück in der anderen herumlaufend, konnte ich verstehen, was Epikur im Sinn hatte. In der heutigen Konsumgesellschaft sind wir darin geschult, Genuss durch den Konsum aller möglichen Produkte zu erlangen, nicht nur derjenigen, die man essen kann, sondern von allem, was käuflich ist. Da verwundert es nicht, dass Menschen dieser Welt ununterbrochenen Genießens entkommen wollen, sei es, dass sie aufs Land ziehen, um ein einfaches, selbstgenügsames Leben zu führen, oder dass sie zu Detox Retreats in fernen Orten reisen.

Aber zu Epikurs Zeit gab es nicht viele durchgehend geöffnete Supermärkte. »Wir halten die Selbstgenügsamkeit für ein großes Gut«, sagt er, »nicht damit wir es ganz und gar mit dem Wenigen genug sein lassen, sondern um uns dann, wenn wir das Meiste nicht haben, mit dem Wenigen zu begnügen.«[6] Heute, wenn man Lust auf einen Snack am Abend hat, ist es nicht schwer, irgendwo in der Nähe einen geöffneten Laden zu finden. Und Schokoriegel oder Mineralwasser oder sogar Bier sind kein Luxus. An den meisten Orten kosten diese Artikel weniger als frisches Gemüse. Was Menschen mit begrenzten finanziellen Mitteln heutzutage Sorgen macht, das ist nicht das Angebot an leckeren Snacks. Sie machen sich Gedanken über wichtigere Erfordernisse, etwa ob sie in der Lage sind, die Miete oder die Stromrechnung zu bezahlen.

Als Philip Seymour Hoffman sagte: »Ich habe kein Vergnügen ausgelassen, das mich nicht krank gemacht hat«, berührte er sowohl die universelle Frage des Genießens als eine in sich paradoxe Suche als auch die Art und Weise, wie die Konsumgesellschaft uns mit der Botschaft bombardiert, dass wir genießen müssen. Wie viele andere, mich eingeschlossen, war Hoffman nie fähig, Glück durch Genuss zu finden. Er war weit entfernt von der Beherrschung der epikureischen Kunst, ein Leben gemäß der natürlichen Freude am Genießen zu führen. Bei seiner Autopsie fand man Spuren nicht nur von Heroin, sondern auch von Kokain, Benzodiazepinen und Amphetaminen.

Eine kurze Fallgeschichte männlicher Verzweiflung

Es war die perfekte Tageszeit, kurz vor dem Abendessen, und es kühlte sich schon ein wenig ab. Ich saß mit meiner Frau auf der Terrasse unseres Hotelapartments und trank ein Glas Cava.

»Das Einzige, was hier nicht im Angebot ist, das ist Sex«, sagte ich. »Vielleicht gibt es solche Orte, aber nur für Swingerpaare.«

»Bestimmt«, sagte sie. »Aber vielleicht nicht mit Swingern, sondern mit Prostituierten.«

In dem Moment fiel mir Michel Houellebecq ein, der französische Schriftsteller, der einige Bücher über Tourismus geschrieben hat, wobei eines davon sogar auf einer Insel nahe Lanzarote spielt, wo ich gerade war. Aber das Buch, an das ich dachte, war *Plattform* von 2001. Der Protagonist Michel fliegt als Sextourist nach Thailand und verliebt sich in eine Frau, die in der Urlaubsindustrie arbeitet. Beide kehren nach Frankreich zurück und entwerfen eine Strategie, um das Tourismusunternehmen zu retten, für das sie arbeitet. Der Plan besteht darin, das klassische Ferienclub-Modell mit Sextourismus zu fusionieren. Der Name und Werbeslogan lauten: »Eldorador Aphrodite: weil wir das Recht haben, uns zu vergnügen.«[7]

Ich sollte wohl betonen, dass ich über Houellebecq nicht aus der Sicht eines Literaturkritikers spreche. Ich lese ihn als einen Sozial- und Kulturkritiker. Als ein Wissenschaftler mit Interesse an Populärkultur werde ich oft daran erinnert, dass nicht nur Akademiker Gesellschaftswissenschaft produzieren. Meiner Ansicht nach stammen einige der besten Analysen unserer Gesellschaft von Romanautoren, Journalisten und Filmemachern – was der Soziologe Roger Burrows »soziale Science Fiction« nennt.[8]

Was Houellebecq für die folgende Diskussion interessant macht, ist seine Fähigkeit, eine Gesellschaft, die auf dem Befehl zum Genießen basiert, kritisch zu diagnostizieren. Er trägt die moralischen Werte, die wir schätzen, in die heutige Konsumkultur, wie das Recht, Reichtümer anzuhäufen, oder das Recht auf Genuss, und deckt dann die tragische Schattenseite dieser Werte auf. Die Welt, der wir in seinen Werken begegnen, ist unbarmherzig und hoffnungslos, und seine Anti-Helden haben sich dieser Welt angepasst, indem sie diese Rücksichtlosigkeit akzeptiert und jede Hoffnung aufgegeben haben, außer der Hoffnung, gelegentlich ihr sexuelles Verlangen zu stillen. In seinem Roman *Ausweitung der Kampfzone* von 1994 heißt es an einer Stelle:

> »In einem völlig liberalen Wirtschaftssystem häufen einige wenige beträchtliche Reichtümer an; andere verkommen in der Arbeitslosigkeit und im Elend. In einem völlig liberalen Sexualsystem haben einige ein abwechslungsreiches und erregendes Sexualleben; andere sind auf Masturbation und Einsamkeit beschränkt.«[9]

Bei Houellebecq finden sich nur wenige mit einem aufregenden Liebesleben. Stattdessen lernen wir Versager kennen, denen nicht viel mehr bleibt als Masturbation und Einsamkeit. Unattraktiv und mit geringem Selbstwertgefühl sind sie die Loser in dem »liberalen Sexualsystem«. Aber sie können, zumindest bis zu einem Grad, ihre Lage erleichtern, weil sie als weiße Männer mittleren Alters mit gutem Einkommen zu den Gewinnern im »liberalen Wirtschaftssystem« gehören.

So ist es bei Bruno, dem Antihelden des Romans *Elementarteilchen* von 1998, dessen ganzes Leben von Sex beherrscht wird. Als Teenager wurde er von den Mädchen, die er kannte, meist abgewiesen, und wenn wir ihn kennenlernen, im Alter von zweiundvierzig, erfahren wir, dass seine Erektionen »immer kürzer und seltener« wurden und dass er »sich einem traurigen Abstieg überließ.«[10]

Ich werde mich etwas ausführlicher mit diesem Buch befassen, weil ich keinen anderen Text kenne, der besser die Transformation der Glücksphantasie von ihrem optimistischen Charakter in den 1960er Jahren zu dem beschreibt, was sie heute geworden ist. Die Frage, die sich der Roman stellt, lautet: Welche Möglichkeiten, Glück durch sexuelle Lust zu verfolgen, gibt es im einundzwanzigsten Jahrhundert, wenn man für unattraktiv und uninteressant gehalten wird?

Bruno ist einer von zwei Brüdern, die in der zweiten Hälfte der 1950er Jahre von Janine geboren werden, einer mit ihrer Selbstfindung beschäftigten Hippie-Mutter. Da sie mehr an der Erfahrung zu gebären interessiert war als am Muttersein, fand sie es vollkommen vernünftig, Bruno und seinen jüngeren Halbbruder Michel in die Obhut ihrer jeweiligen Großeltern zu geben. Befreit von den Zumutungen der Mutterschaft, konnte Janine ihre »kosmischen Abenteuer« fortsetzen. Sie reiste nach Kalifornien und nannte sich nun Jane.

Elementarteilchen ist ein Buch über das Aufwachsen im Schatten der Glücksphantasie. Brunos und Michels Mutter hat ihr Leben nach den beiden Idealen Authentizität und sexueller Lust gelebt, wie sie von Wilhelm Reich und Fritz Perls propagiert wurden, und sie ist für diese Suche nach sich selbst großzügig belohnt worden. Sie hatte ein abenteuerliches Leben mit einem steten

Strom an jungen Liebhabern. Aus der Ferne betrachtet, scheint sie glücklich zu sein.

Für ihre Söhne jedoch ist die Wirklichkeit trostlos. Auf ihrer Suche nach Glück sind sie verschiedenen Wegen gefolgt. Michel hat ein gewisses Maß an Befriedigung in der abstrakten Welt der Biowissenschaft gefunden, eine Welt, die weit entfernt ist von der Tyrannei anderer Menschen. Bruno dagegen hat nichts gefunden. »Das Hauptziel seines Lebens war sexueller Art gewesen; sich ein anderes Ziel zu setzen, war jetzt nicht mehr möglich«.[11] Mit Anfang vierzig kann er auf eine schwierige Kindheit und »grauenhafte« Jugendzeit zurückblicken. Die Zukunft sieht ebenso düster aus. Obwohl sich seine ganze Welt um sexuelle Liebe dreht, sind seine Erlebnisse fast nur auf Prostituierte und Frauen beschränkt, die er nicht wirklich mag. Und doch ist Sex das Einzige, was ihm ein Glücksgefühl gibt, und das allein zählt.

»Kann ein Kanarienvogel glücklich sein?«, fragt Houellebecq auf seine übliche emotionslose Art am Anfang des Buches, bevor er seine eigene Definition des Begriffs liefert. »Glück ist eine tiefe, intensive Empfindung, ein erhebendes Gefühl der Fülle, ähnlich dem Rausch, der Verzückung oder der Ekstase.«[12] Es ist die Art von Glück, zu der ein Kanarienvogel wahrscheinlich nicht fähig ist. Aber ist Bruno es? Vielleicht. An einer Stelle im Buch, als er Sex hat, beschreibt er, wie sein ganzer Leib »bebte vor Seligkeit«.[13] Traurigerweise geschah das nur einmal, und es war eine kurzlebige Erfahrung. Bruno hat die moralischen Werte der Glücksphantasie übernommen. Er hat, in den Worten Freuds, »genitale Erotik in den Mittelpunkt seines Lebens gestellt«.[14] In seinem Bestreben, sich als authentisch und cool auszugeben, lässt er sich einen Spitzbart wachsen und kauft sich eine Lederjacke.

Die Tragödie von Brunos Suche nach sexuellem Glück erreicht ihren Höhepunkt, als er beschließt, zu einer fiktiven Version des Esalen Institute namens Lieu in Westfrankreich zu gehen. Dieses Institut wurde 1975 von einer Gruppe Altachtundsechziger gegründet, die eine »authentische Utopie« schaffen wollten. In den 1980er Jahren, als sie in finanzielle Schwierigkeiten gerieten, boten sie für Geschäftsleute eine Reihe von Kursen zur Persönlichkeitsentwicklung und zum positiven Denken an. Bald hatten sie viele der größten und renommiertesten Unternehmen, darunter IBM, angezogen. Während die Zielgruppe nun vor allem Personalchefs waren, behielt das Lieu noch seinen »hedonistischen, ultraliberalen Charakter der 70er Jahre bei, der ihm auf dem Markt seine einzigartige Position garantierte.«[15]

Die anderen Teilnehmer um Bruno herum scheinen glücklich zu sein. Sie »lebten, atmeten, versuchten, Lust zu empfinden oder ihre potentiellen Möglichkeiten zu erweitern.«[16] Bruno hofft, in die gleiche Stimmung zu kommen. Er meldet sich sogar für eine Reihe von Kursen an, darunter »Sensitive Gestaltmassage«, eine erotisierte Version von Fritz Perls Gestalttherapie. Aber all diese Aktivitäten befreien ihn weder sexuell noch spirituell. Sie verstärken nur sein Gefühl der Niedergeschlagenheit. Nacht für Nacht kehrt er allein in sein Zelt zurück, trinkt Whiskey und ejakuliert auf ein Pornomagazin, auf dessen Titelseite der ironische Slogan steht: »Das Recht auf Lust«.[17]

Für Houellebecq war die sexuelle Revolution keine konkrete Utopie. Sie war »nur eine weitere Etappe auf dem unaufhaltsamen Siegeszug des Individualismus«.[18] Bruno ist nicht dafür gerüstet, mit dieser Welt fertigzuwerden. Sich die Glücksphantasie, wie sie von seiner Mutter verkörpert wurde, zu eigen zu machen, erinnert ihn immer wieder nur an sein Versagen. Er ist weder fähig, Sexualpartner zu finden, die ihn begehren, noch sich als eine coole authentische Person zu stilisieren. Schließlich sieht er ein, dass »es mir nichts nützen würde, mich als Aussteiger zu verkleiden: Dafür bin ich weder jung, noch schön, noch cool genug.«[19]

Das Recht des Alphamännchens auf Lust

Am 7. Oktober 2017, weniger als zwei Wochen nachdem der *Playboy*-Gründer Hugh Hefner im Alter von einundneunzig gestorben war, gab der Hollywood-Produzent Harvey Weinstein eine Erklärung zu den zahlreichen Vorwürfen wegen sexueller Übergriffe ab, die einige Tage zuvor in der *New York Times* veröffentlicht worden waren: »Ich wuchs in den 1960er und 1970er Jahren auf, als alle Verhaltensregeln an den Arbeitsplätzen anders waren. Das war die Kultur damals. Mir ist inzwischen klar, dass das keine Entschuldigung ist, weder im Büro noch außerhalb davon.« Oliver Stone und Woody Allen kamen Weinstein zu Hilfe, was wenig dazu beitrug, die Öffentlichkeit von seiner Unschuld zu überzeugen. Allein die Tatsache, dass sie das Bedürfnis verspürten, sich zu äußern, schrieb der Journalist Wesley Morris in einem Artikel der *New York Times*, »verweist auf einen fortdauernden, aber fehlgeleiteten Mythos der sexuellen Revolution. Wir romantisierten Mr. Hefners Imperium als eine revolutionäre Kraft – Liebende lieben und all das Zeug –, aber tatsächlich war es nur die Popularisierung eines Anspruchs.«[20]

Als Hefner 1953 seine erste Ausgabe des *Playboy*, darin ein Nacktfoto von Marilyn Monroe, auf den Markt brachte, waren die Zeiten noch kulturell konservativ. Aber die Stimmung änderte sich rasch; das Magazin traf einen Nerv und wurde über Nacht ein Erfolg. In seinem Nachruf auf Hefner schrieb Matt Schudel: »Das Magazin schockierte damals, aber es fand schnell ein großes und aufgeschlossenes Publikum und war eine treibende Kraft hinter der sexuellen Revolution der sechziger Jahre.«[21]

Mehr als ein halbes Jahrhundert später, als Hefners Tod verkündet wurde, galt er nicht mehr als ein Revolutionär der Sixties. In seinen Seidenbademänteln verkörperte er das Image des Patriarchats und des Missbrauchs, ein alter Mann, der sich zwanghaft mit halbnackten jungen Frauen umgab. Ross Douthat drückte es in seinem wenig schmeichelhaften Nachruf so aus:

> Hefner »war ein Pornograph und Chauvinist, der reich wurde durch Masturbation, Konsumismus und die Ausbeutung von Frauen. Er alterte in eine lüsterne groteske Figur mit Kapitänsmütze und starb als Sammelwütiger in einer verfallenden Villa, wo Pornofilme während seiner armseligen Orgien liefen.«[22]

Und doch lebt Hefners Vermächtnis weiter. Man denke nur an Berlusconi und Trump. Oder Trumpusconi, wie Frank Bruni sie in einem Essay der *New York Times* nannte, in dem er argumentierte, sie seien »im Wesentlichen der gleiche Mann«.[23] Zum Beweis werden die Leser aufgefordert, an einem Quiz mitzumachen und zu raten, welcher der beiden Männer was gesagt hat: »Letzte Nacht stand eine Schlange vor der Tür meines Schlafzimmers« (Berlusconi). »Meine Finger sind lang und schön wie auch – das ist dokumentiert – andere Teile meines Körpers« (Trump). »Ich denke, der einzige Unterschied zwischen mir und den anderen Kandidaten ist der, dass ich ehrlicher bin und meine Frauen schöner sind« (Berlusconi). »Wenn sie gefragt würden, ob sie gerne Sex mit mir hätten, sagten 30 Prozent der Frauen ›Ja‹, während die anderen 70 Prozent antworteten ›Was, schon wieder?‹« (Berlusconi).

Das Recht auf Lust, wie es von Wilhelm Reich und Fritz Perls propagiert wurde, findet in dem Image von Hefner und Trumpusconi seinen logischen Abschluss. Mit dem Zerfall der emphatischen Glücksphantasie wird deutlich, dass das Recht auf Lust nichts zu tun hat mit dem Recht der Menschen, ihre Sexualität zu erforschen. Beispielsweise betrachtet weder Trump noch Berlusconi Homosexualität wohlwollend, um es diplomatisch auszudrücken. Nein, das Recht auf Lust gilt nur für die Reichen und Mächtigen und drückt sich am klarsten in dem Slogan aus: Du kannst tun, was du willst, und du kommst damit durch.

Dies sind Männer jenseits jeder Selbstkritik, völlig von sich selbst überzeugte Narzissten. In einem scharfsinnigen Essay für die *Los Angeles Review of Books* stellte die Historikerin Elizabeth Lunbeck die These auf, dass Trumps Narzissmus keine Belastung für ihn ist, sondern eine Ressource. Er hat sich erfolgreich als eine Person stilisiert, die tun kann, was auch immer sie will, ohne sich entschuldigen zu müssen. Was er den Menschen anbietet, das ist Teilhabe an seiner Großartigkeit. Wenn wir Trump verstehen wollen, dann sollten wir aufhören zu fragen, ob er ein Narzisst oder nicht, und stattdessen darüber nachdenken, wie er »seinen Narzissmus nutzt, um sich mit seinen Anhängern zu verbinden«.[24]

Die Glücksphantasie, da sie Vorstellungen des Selbstseins (ohne sich allzu viel Gedanken über andere zumachen), die Jagd nach dem Vergnügen (mit möglichst vielen Frauen schlafen) und den Erfolg durch eine Karriere (Machtpositionen erreichen) zusammenbringt, ist eine eindeutig männliche Phantasie. Sie gründet sich auf Anspruchsdenken, Selbstinszenierung und Anhäufung von Reichtümern. Sie ist eine Phantasie, die das Image des Selfmademan und seiner Fähigkeit, groß auf Kosten anderer zu werden, fetischisiert.

Dieses Recht auf Glück als Lust kann bis zu Reich und seiner »phallischen« Theorie des Glücks zurückverfolgt werden. Für ihn gab es nur einen Weg, als menschliches Wesen glücklich und erfüllt zu werden: Der Mensch muss seine orgastische Potenz entwickeln. Als er diese Theorie in den 1920er Jahren lancierte, nannten ihn bald einige Psychoanalytiker, einen »genitalen Narzissten«, ein Begriff, der Reich nicht beleidigte, weil er sich sicher war, dass das nur Ausdruck ihrer »sexuellen Eifersucht« war und der Tatsache, dass »sie nicht so potent« waren wie er. Wie Trumpusconi prahlte Reich mit seiner orgastischen Potenz. So war er schon als Fünfzehnjähriger mit einer Prostituierten zusammen und erlebte eine religiöse Vereinigung mit dem Phallus. In sein Tagebuch notierte er: »Ich war nur noch Penis.«[25]

Diese genitale Glücksphantasie inspirierte Fritz Perls dazu, die Gestalttherapie zu entwickeln, eine Methode, die das Ziel hatte, Menschen sexuell und spirituell zu befreien. Als Perls sich mit siebzig in Esalen niederließ, wurde er bald als der »Pascha der heißen Quellen« bekannt. Christopher Turner zufolge »verführte er erfolgreich Frauen mit so denkwürdigen Sätzen wie ›Du willst meinen Schwanz lutschen?‹«[26] Wie Reich und Trump hielt sich Perls für ein Alphamännchen. Er bezeichnete sich als polymorph pervers und war stolz darauf, als geiler Bock und Guru angesehen zu werden, auch wenn in seinen Worten »der erste abnimmt und der zweite aufsteigt«.[27]

Anders als die Figuren in Houellebecqs Romanen sind dies die Alphamännchen, die reichlich von der Glücksphantasie profitiert haben. Sie benutzen sie als Vorwand, »sie selbst zu sein« (Arschlöcher), ihrem Vergnügen nachzujagen (mit oder ohne Einwilligung) und ihr Image zu einer Marke zu machen. Wenn das alles ist, was von der Glücksphantasie geblieben ist, dann ist es höchste Zeit, sich von ihr zu verabschieden und von den Trumpusconis gleich mit.

Schluss

Glück nach Trump

»Wenn ich der Sohn eines Bergarbeiters gewesen wäre, hätte ich die verdammten Minen verlassen.«
Donald Trump

Trumps Glücksphantasie

Die erste Folge von *The Apprentice*, die am 8. Januar 2004 von NBC ausgestrahlt wurde, beginnt mit einer Reihe eindrucksvoller Luftbilder von New York. »Manhattan ist ein hartes Pflaster«, sagt Donald Trump im Off-Kommentar, als die Kamera von Hochhäusern auf einen Obdachlosen schwenkt, der auf einer Bank schläft. »Wenn man nicht aufpasst, kann es einen auffressen und wieder ausspucken.« Erneut ein Schwenk, diesmal auf eine große Villa. »Aber wenn man hart arbeitet, kann man es weit bringen – und ich meine, wirklich weit.« Noch ein Schwenk. Trump sitzt hinten in einer Limousine, starrt in die Kamera und stellt sich als den größten Immobilienentwickler der Stadt vor.

Die Bilder sprechen für sich selbst. Naomi Klein

schreibt in ihrem Buch über Trump und seine »Schock-Politik«: »Du kannst der Obdachlose oder aber Trump sein.«[1] In seiner Version des amerikanischen Traums gibt es nur Sieger oder Verlierer – und Trump ist ein Sieger. Er ist die ultimative Verkörperung des Erfolgs – eine Person, die die Glücksphantasie verwirklicht hat. Erreicht hat er diese Position durch harte Arbeit, die Entschlossenheit, nie aufzugeben, und die Fähigkeit, seine Vorstellungskraft zu nutzen. In einem Interview mit dem *Playboy* von 1990 sagte Trump, er erzähle gern die Geschichte von dem Bergarbeitersohn:

> »Der Bergarbeiter bekommt eine Kohlenstaublunge, sein Sohn bekommt sie und dann dessen Sohn. Aber die meisten Menschen habe nicht die Vorstellungskraft – oder was auch immer –, das Bergwerk zu verlassen. Sie haben ›es‹ nicht. Wenn ich der Sohn eines Bergarbeiters gewesen wäre, hätte ich die verdammten Minen verlassen.«[2]

Sich selbst als Selfmademan stilisierend, erwähnt Trump selten die 40 Millionen Dollar, die er 1974 erbte,[3] ganz zu schweigen von den Verbindungen, die ihm sein Vater verschaffte, als er nach dem Collegeabschluss in dem Familienunternehmen zu arbeiten begann. Für Trump waren das rein zufällige Umstände, weitgehend irrelevant für die Erklärung seines Erfolgs. Wäre er der Sohn eines Bergarbeiters gewesen, hätte er seine Vorstellungskraft benutzt, um aus dem Milieu herauszukommen, und hätte am Ende auch in einer Limousine gesessen.

Der Begriff »Amerikanischer Traum« wurde von dem bekannten Historiker James Truslow Adams in seinem 1931 veröffentlichten Buch *The Epic of America* geprägt. Er definierte ihn als »einen Traum von einer sozialen

Ordnung, in der jeder Mann und jede Frau die volle Größe dessen, wozu sie von Natur aus fähig sind, erreichen können und von anderen anerkannt werden für das, was sie sind, ungeachtet der zufälligen Umstände von Geburt oder Stellung«.[4]

Aber um Trumps Version des amerikanischen Traums zu verstehen, sollten wir uns nicht an Adams wenden, sondern an den amerikanischen Pfarrer und Motivationsredner Norman Vincent Peale, der ein enger Freund der Familie Trump war, sogar Donald Trumps Trauung mit Ivana 1977 vollzog.

In seinem Bestseller *Die Kraft positiven Denkens* von 1952 präsentiert Peale eine simple und »praktikable Philosophie«, die Menschen helfen will, ein glücklicheres und erfolgreicheres Leben zu führen. Der Grundsatz lautet: »Beten, vorstellen, verwirklichen«.[5] Durch die Anwendung dieser Technik kann man alles erreichen – Niederlagen überwinden und Kontrolle über seine Lebensumstände übernehmen.

Wie Trump hatte Peale die Gewohnheit, den Leuten Anekdoten zu erzählen, wobei er stets die Rolle des Helden spielte. In dem Buch hören wir von einer verlassenen Frau, die es mit Peales Hilfe schafft, ihren Ehemann zurückzuholen, indem sie ihn in ihrem Heim visualisiert; einen Alkoholiker auf Entzug rettet er telepathisch vor dem Rückfall; Schüler verbessern ihre Leistungen, Geschäftsleute retten sich vor dem Konkurs; zahllose ähnliche Geschichten sind über das ganze Buch verstreut. Für Peale veranschaulichen sie eine tiefe Wahrheit, nämlich dass Einstellungen wichtiger sind als Tatsachen. Diese Erkenntnis, betont Peale, »ist so wichtig, dass es sich lohnt, sie so lange zu wiederholen, bis sie uns in Fleisch und Blut übergegangen ist.«[6]

Derart war auch die »Wahrheit«, die Werner Erhard ergriff, als er verkündete, niemand sei ein Opfer. Es war die gleiche »Wahrheit«, die Oprah Winfrey dazu veranlasste, Menschen zu gratulieren, die entlassen worden waren. Es war diese »Wahrheit«, die den britischen Fernsehmoderator Noel Edmonds ermutigte, in einem Tweet zu behaupten, dass Krebs »durch eine negative Haltung« verursacht wird.[7] Und eben diese Wahrheit finden wir auch im Kern der Glücksphantasie.

Es ist nicht leicht, die Grausamkeit zu erfassen, die dieser »Wahrheit« zugrunde liegt, aber es gibt eine bemerkenswerte Szene in dem Dokumentarfilm *Three Miles North of Molkom* von 2008, die ihr nahekommt. Der Film folgt einer Gruppe von Menschen, die an einem New Age-Festival in Schweden teilnehmen. Sie beschäftigen sich mit Yoga, Tantra-Sex, Baumumarmungen und Feuerlaufen. Sie lernen auch eine wenig bekannte Kampfkunst namens »Gelber Bambus«. Die Idee dahinter ist simpel: Man benutzt psychische Energie, um sich zu verteidigen.

Die Gruppe steht am Strand, vor ihr der Lehrmeister. »Atmet ein und zieht die Energie nach unten«, sagt er. »Und drückt sie aus den Händen heraus.« Dann sehen wir eine Frau. Sie stellt sich hin. Sie sammelt so viel psychische Energie wie möglich, zieht sie aus der Luft hinein in ihren Körper und presst sie durch die Hände wieder hinaus. Die Nahaufnahme zeigt ihre Nervosität. Sie sieht unsicher aus, wirkt zerbrechlich. Plötzlich kommt der Lehrer mit großer Geschwindigkeit auf sie zu gerannt. Etwas stimmt nicht. *Peng!* Sie fällt weinend zu Boden.

Falls es nicht offensichtlich war: Unsichtbare Pfeile psychischer Energie aus den Händen abschießen, hilft nicht, wenn ein erwachsener Mann einen angreift. Und das Gleiche gilt für eine positive Einstellung. Sie ist nicht genug, um den Obdachlosen von der Straße zu holen und in Trumps Limousine zu setzen. Sie reicht nicht, um einem Langzeitarbeitslosen dabei zu helfen, einen gutbezahlten Job zu bekommen. Und sie heilt auch keinen Krebs. Zu sagen, Einstellungen sind wichtiger als Tatsachen, ist wahnhaft, was eine Gruppe australischer Forscher bestätigen konnte.[8] Sie baten 179 Krebspatienten, einen Fragebogen zur Selbsteinschätzung ihres Optimismus auszufüllen. Wenn Patienten später starben, konnten die Forscher feststellen, ob es eine Verbindung zwischen ihrem Optimismus und der Überlebenszeit gab. Es gab keine.

Trumps Glücksphantasie zielt nicht darauf ab, gewöhnliche Menschen dazu zu inspirieren, ihren Träumen zu folgen, sondern Ausbeutung und krasse Ungleichheiten zu normalisieren. Trumps Welt ist die der Ellbogengesellschaft. Naomi Klein schrieb:

> »Woche für Woche lieferte *The Apprentice* zwei Millionen Zuschauern das zentrale Verkaufsargument für die Theorie des freien Markts und führte ihnen vor Augen, wie heldenhaft es ist, die eigene selbstsüchtige und rücksichtslose Seite hervorzukehren, weil man auf diese Weise Arbeitsplätze schafft und zum wirtschaftlichen Wachstum beiträgt. Sei nicht nett, sei ein Killer. So hilfst du der Wirtschaft und – noch wichtiger – dir selbst.«[9]

Als Reichs Glücksphantasie sich in den 1960er Jahren unter großen Gruppen junger Menschen verbreitete, ging es darum, eine Gesellschaft von Zwängen, Missbrauch und Herrschaft zu befreien. Auch wenn die Realität weniger rosig war als die Phantasie, gab es doch ein Hoffnungselement. Mehr als fünfzig Jahre später, sind die Überreste dieser Hoffnung nur noch schwer zu finden. In ihrer Verkörperung durch Trump hat die Glücksphantasie mit ihrem Beharren auf Authentizität und Lust ihre Anziehungskraft weitgehend verloren. Wer will authentisch sein, wenn das bedeutet, selbstsüchtig, rücksichtlos und unfähig zu sein, anderen zuzuhören? Wer glaubt an das Recht auf Lust, wenn es von Weinstein und Trumpusconi benutzt wird, Frauen zu missbrauchen? Und wie können wir glauben, dass Arbeit der Weg zu einem freudvollen, authentischen Leben ist, wenn wir sehen, wie schlecht bezahlte Arbeiter gezwungen werden, authentisch zu lächeln, um den Anschein zu erwecken, als ob ihnen ihre Arbeit wirklich gefiele?

Von Freud und Reich über Aldous Huxley, Alan Watts und Timothy Leary zu Werner Erhard, Tony Hsieh und Donald Trump wurde die Glücksphantasie von Anfang bis zum Ende von Männern formuliert und verteidigt. Im Laufe der Recherchen für dieses Buch war es frustrierend, ständig auf Männer zu stoßen, auch wenn ich eifrig Ausschau nach weiblichen Stimmen hielt. Aber dann gab es ich auf und sagte mir, es sei besser und ehrlicher, die Männer sprechen zu lassen. Schließlich war es ihre Phantasie, sie diente ihren Interessen. Gewiss, die Glücksphantasie in den sechziger Jahren war umfassender. Stimmen, die zuvor zum Schweigen gebracht worden waren, wurden nun einbezogen. Aber weibliche Stimmen wurden weiterhin unterdrückt und manipuliert. Jenny Diski erinnert uns in ihrem Buch *The Sixties* daran, dass es für Frauen, sobald Sex aufhörte, ein Tabu zu sein, uncool war, Nein zu sagen.

> »Wenn du nicht mit jemandem schlafen wolltest, war es schwierig, sich eine Rechtfertigung auszudenken, die nicht selbstsüchtig erschien.«[10]

Also selbst zu dieser Zeit war die Glücksphantasie ihrem Wesen nach phallisch. Es war eine Fantasie von Selbstbeherrschung, Authentizität und dem Recht auf Lust, die viele Männer ausnutzten, um Sex zu haben. Gleich von Anfang an war es eine Phantasie von Prestige und Status. Und später, in den 1970 und 1980er Jahren wurde daraus die Obsession, Macht und Reichtum zu erlangen und auszunutzen.

Aber sobald wir beginnen, die Grundwerte in Frage zu stellen, auf denen diese Vorstellung von Glück beruht, wird uns klar, dass wir so nicht leben müssen. Glücksphantasien sind ausgedacht. Sie bestehen aus moralischen Werten, die zu einer bestimmten Zeit geschätzt werden. Was wir heute im reichen Westen für ein glückliches Leben halten, unterscheidet sich völlig von dem, was im antiken Griechenland oder Mittelalter vorgestellt und angestrebt wurde. Ebenso gibt es andere Glücksvorstellungen in anderen Teilen der Welt, auch wenn sich die amerikanische Version der Glücksphantasie weit über ihre nationalen Grenzen ausgebreitet und Menschen (auch mich im kalten Norden) beeinflusst hat, die amerikanische Filme sehen und amerikanische Musik hören.

Obwohl konstruiert, haben diese Phantasien eine geradezu magische Fähigkeit, als natürlich und unvermeidlich zu erscheinen, so wie in den 1960er und 1970er Jahren, als die Phantasie von Selbstverwirklichung und Vergnügen nicht nur als moralisches Ideal galt, sondern als moralischer Befehl. Als Reich dagegen seine Vorstellung von sexuellem Glück propagierte, betrachteten die meisten Leute diese Phantasie mit Argwohn. Wenn also Phantasien vom guten Leben Zeiten der Stabilität und Zeiten der Instabilität durchlaufen, denke ich, dass wir jetzt an einem Punkt sind, wo die gegenwärtige Phantasie vom Glück zu zerfallen beginnt. Während die reichsten ein Prozent der Menschheit mit mehr Steuersenkungen beschenkt werden, müht sich ein großer Teil der amerikanischen Arbeiter- und Mittelklasse ab, über die Runden zu kommen. Für sie wie für viele andere hat diese Glücksphantasie ihre Anziehungskraft verloren.

Und das ist eine gute Nachricht, denn das heißt, wir können nun anfangen, uns neue Lebensentwürfe vorzustellen, jenseits der phallischen Phantasien von Authentizität, Hedonismus und Selbstbeherrschung.

Eine feministische Glücksphantasie?

Im Gegensatz zu Restaurantkritikern, die kostenlos essen, bekommen feministische Autorinnen Todesdrohungen frei Haus, schreibt Laurie in ihrem Buch *Bitch Doktrin*. Sie erklärt, dass sie als Frau, die schreibt, oft den Satz höre, »dass diese nörgelnden Schlampen nur mal richtig durchgevögelt werden müssten. Ich habe ihn empirisch überprüft, aber mein Forderungskatalog hat sich nicht verändert. Ganz oben steht eine freundlichere Welt.«[11]

Vielleicht ist das kein schlechter Ausgangspunkt, um sich eine neue Glücksphantasie vorzustellen, auch wenn es naiv sein mag, zu viel Bedeutung einem Wort zuzuschreiben, das sowohl bei Unternehmen als auch bei Politikern populär geworden ist – man denke zum Beispiel an George W. Bushs lächerlichen Begriff des »mitfühlenden Kapitalismus«. Aber dennoch täte in dem gegenwärtigen Klima von Hass und Unmenschlichkeit etwas mehr Freundlichkeit gut.

Ein Schritt in diese Richtung ist, an Glück nicht mehr als ein persönliches Streben zu denken. Statt eine

Glücksphantasie, die auf der Vorstellung beruht, dass wir uns selbst gewinnen und authentisch werden sollen, zu imaginieren, könnten wir vielleicht eine Glücksphantasie entwickeln, in der wir uns verlieren und »uneigentlich« werden – verlieren in dem Sinne, dass wir unsere fundamentale Abhängigkeit von anderen anerkennen, einschließlich der Menschen, die wir nie kennenlernen werden. In ihrer Essaysammlung *Gefährdetes Leben* vertritt die Philosophin Judith Butler überzeugend die Vorstellung von einer Gemeinschaft, die auf »Verletzlichkeit und Verlust« basiert, denn Verlust habe eine verwandelnde Wirkung, die Menschen dazu bringen kann, als ein »wir« zusammenzukommen.[12]

Verlust und Verletzlichkeit gibt es in der heutigen Welt im Übermaß. Man denke nur an die Flüchtlinge, die sich auf eine gefährliche Reise begeben in der Hoffnung, einen sichereren Ort zum Leben zu finden, an arme britische Familien, die nicht wissen, wie sie ihre Stromrechnungen bezahlen sollen, oder an verschuldete Hochschulabsolventen in den USA, die ohne Bezahlung arbeiten, weil sie so vielleicht eine feste Anstellung bekommen. So unterschiedlich diese Erfahrungen der Unsicherheit auch sind, sie könnten die Grundlage einer Vorstellung davon bilden, was es bedeutet, in einem Geist wechselseitiger Abhängigkeit und Solidarität zu leben.

Solch eine Glücksphantasie gründet sich auf Empathie statt Selbstsucht. Sie schließt ein statt aus, zeigt Empathie mit den Gefährdeten, den Arbeitslosen oder den Krebskranken. Sie wäre eine Phantasie, die nicht mit dem Traum des Einzelnen von der Selbstverwirklichung beginnt, sondern mit der kollektiven Forderung nach einer mitfühlenderen, gerechteren und wahrhaftigeren Welt. Aldous Huxley sagte einmal, dass »das Glück von jemand anderem seltsam langweilig ist«.[13] Ich erinnerte mich kürzlich an diese Worte, als ich in Lynne Segals Buch *Radical Happiness* den Satz las: »Als Feministin habe ich die Freuden anderer immer ernst genommen.«[14]

Auch wenn Huxley im Gegensatz zu Trump menschliche Unterschiede als eine große Ressource für die Gesellschaft betrachtete, vertrat er dennoch eine sehr individualistische Vorstellung von Glück. Was Segal in ihrem Buch präsentiert, ist etwas viel Anziehenderes. Statt der persönlichen Glücksphantasie, wie wir sie in Selbsthilfebüchern finden, entwickelt sie eine politische und kollektive Glücksphantasie, die auf der gemeinsamen Erfahrung der Freude beruht. Sie argumentiert mit dem Philosophen Cornel West, dass Freude die individualistische Vorstellung von Glück überwinden kann. Sie kann uns aus unserer unmittelbaren Alltagserfahrung herausheben und uns zu profunderen Werten hinführen wie Liebe, Freundlichkeit und Solidarität.

Eine feministische Glücksphantasie nimmt sowohl das Glück als auch die Verletzlichkeit anderer ernst. Und während sie hoffnungsvoll in die Zukunft schaut, schreckt sie nicht vor den unbequemen Wahrheiten zurück, die den Zustand des Planeten, der Menschenrechte und der Gerechtigkeit betreffen.

Von einer solchen Phantasie geleitet, würden uns nicht mehr Menschen – hauptsächlich Männer – beeindrucken, die mit ihrer Selbstveränderung und Suche nach Authentizität prahlen. Wir würden nicht diejenigen – hauptsächlich Männer –, mit Aufmerksamkeit belohnen, die ihre persönlichen Ziele auf Kosten anderer verfolgen. Wir würden nicht mehr sexuelle Vergehen – begangen fast ausschließlich von Männern – im Namen des Rechts auf Lust tolerieren. Und zusammen – Frauen *und* Männer – würden wir uns neue Lebens- und Arbeitsweisen ausdenken, die nicht allein von Marktwerten bestimmt sind.

Klingt das naiv? Natürlich. Aber wen kümmert's? Laurie Penny bemerkt dazu: »Falls ihr es noch nicht bemerkt habt: Es tobt ein Krieg, und das Schlachtfeld ist die menschliche Phantasie.«[15] Alles, was ich hier zum Schluss sagen möchte, ist, dass ich mich lieber mit Kopf und Herz auf eine unmögliche Phantasie einlasse als an einer Phantasie festzuhalten, die sich wieder und wieder nur als grausam und wahnhaft erwiesen hat.

Anmerkungen

Einführung

1 Jeffrey J. Kripal, *Esalen: America and the Religion of No Religion* (Chicago: University of Chicago Press, 2007)
2 Jenny Diski, *The Sixties* (London: Profile Books, 2010), S. 9
3 ebd., S. 5
4 Darrin McMahon, *Happiness: A History* (New York: Atlantic Monthly Press, 2006)
5 Daniel Bell, *Die kulturellen Widersprüche des Kapitalismus* (Frankfurt 1991)
6 Mark Fisher, *Kapitalistischer Realismus ohne Alternative?* (Hamburg 2013), S. 31
7 Paul Myerscough, »Short Cuts«, *London Review of Books* 35 (1), 3. Januar 2013
8 Joan Didion, *Stunde der Bestie* (Reinbek 1996)

Unter einer Decke mit Wilhelm Reich

1 Wilhelm Reich, *Rede an den kleinen Mann* (Frankfurt 1984), S. 32
2 Philip Rieff, *The Triumph of the Therapeutic: Uses of Faith after Freud* (Chicago: University of Chicago Press, 1966/1987), S. 155
3 Jack Kerouac, *Gammler, Zen und hohe Berge* (Reinbek bei Hamburg 1971), S. 133f.
4 Reich, ebd., S. 15f.
5 Jackson Lears, *Fables of Abundance: A Cultural History of Advertising in America* (New York: Basic Books, 1994)
6 Alexis de Tocqueville, *Demokratie in Amerika* (Kap. 34)

7 Christopher Turner, *Adventures in the Orgasmatron: How the Sexual Revolution Came to America* (New York: Farrar, Strauss and Giroux, 2011), S. 113
8 Reich, ebd., S. 33
9 ebd., S. 34
10 ebd., S. 47f.
12 Wilhelm Reich, *Passion of Youth: An Autobiography, 1897-1922* (New York: Farrar, Strauss and Giroux, 1988), S. 81
13 Sharaf R. Myron, *Der heilige Zorn des Lebendigen. Die Biographie* (Berlin 1994), S. 75
14 ebd., S. 79
15 ebd.,
16 Wilhelm Reich, *Die Funktion des Orgasmus* (Köln 1969), S. 7
17 Mary Higgins/ Chester M. Raphael, hrsg., *Reich Speaks of Freud: Wilhelm Reich*
Discusses His Work and His Relationship with Freud (New York: Farrar, Strauss and Giroux, 1967), S. 5
18 ebd., S. 6
19 ebd., S. 20
20 Reich, *Passion of Youth*, S.6
21 Turner, *Adventures in Orgasmatron*, S. 41
22 Walter Benjamin, *One Way Street and Other Writings* (New York: Penguin, 2009), S. 9
23 Myron, *Der heilige Zorn*, S. 79
24 Turner, *Adventures in Orgasmatron*, S. 52
25 ebd., S. 57
26 ebd. S. 54
27 ebd., S. 52
28 Wilhelm Reich, »The Impulsive Character Part III«, *Journal of Orgonomy* 5 (1), 1971, S. 12
29 ebd., S.10
30 Turner, *Adventures in Orgasmatron*, S. 74
31 Reich, *Die Funktion des Orgasmus*, S. 7
32 Turner, *Adventures in the Orgasmatron*, S. 82f.
33 Sigmund Freud, *Die Zukunft einer Illusion* (Studienausgabe, Band IX, Frankfurt 1974), S. 137
34 ebd.
35 ebd.

36 ebd.
37 Für eine Diskussion über Freuds Beziehung zu Nietzsche siehe McMahon, *Happiness*, S. 441
38 Sigmund Freud, *Fixierung an das Trauma – Das Unbewußte* (Studienausgabe, Band 1, Frankfurt 2000), S. 284
39 Higgins/ Chester, hrsg., *Reich Speaks*, S. 44
40 Sissela Bok, *Exploring Happiness: From Aristotle to Brain Science* (New Haven: Yale University Press, 2010), S. 132
41 Higgins/ Chester, ebd.
42 ebd.
43 Freud, *Das Unbehagen in der Kultur*, S. 8
44 ebd.,
45 ebd., S. 9
46 ebd., S. 9
47 ebd., S. 13
48 Sigmund Freud, *Studien über Hysterie* (Berlin 1895), S. 275
49 Rieff, *The Triumph of the Therapeutic*, S. 30
50 Reich, *Die Massenpsychologie des Faschismus* (Köln 1971), S. 6
51 Mildred Edie Brady, »The Strange Case of of Wilhelm Reich«, *The New Republic*, 26. Mai 1947
52 Turner, *Adventures in the Orgasmatron*, S. 150
53 ebd., S. 178
54 Rieff, *The Triumph of the Therapeutic*, S. 130
55 Turner, *Adventures in the Orgasmatron*, S. 190
56 Brady, »The Strange Case of Wilhelm Reich«
57 Myron, *Der heilige Zorn*, S. 435
58 ebd., S. 436
59 Mildred Edie Brady, »The New Cult of Sex And Anarchy«, *Harper's Magazine*, April 1947, S. 313
60 ebd., S. 314
61 ebd., S. 315
62 Norman Mailer, *Reklame für mich selber* (Berlin 1986), S. 388
63 ebd., S. 371
64 ebd., S. 372
65 ebd., S. 380f.
66 ebd., S. 381
67 ebd., S. 382

68 Kripal, *Esalen*, S. 36
69 ebd., S. 39
70 Walter Truett Anderson, *The Upstart Spring: Esalen and the Human Potential Movement: The First Twenty Years* (Lincoln, NE: iUniverse, 1983/ 2004), S. 19
71 ebd., S. 54
72 Kripal, *Esalen*, S. 85
73 Suzanne Snider, »est, Werner Erhard, and the Corporatization of Self-Help« *The Believer*, Mai 2003
74 Turner, *Adventures in the Orgasmatron*, S. 127
75 ebd., S. 128
76 ebd., S. 437
77 Kripal, *Esalen*, S. 163
78 ebd.,
79 Turner, *Adventures in the Orgasmatron*, S. 438f.
80 siehe dazu Eva Illouz, *Die Errettung der Modernen Seele: Therapien, Gefühle und die Kultur der Selbsthilfe* (Berlin 2011)
81 Christina Hoff Sommers/ Sally Satel, *One Nation Under Therapy: How the Helping Culture Is Eroding Self-Reliance* (New York: St Martin's Press, 2005)

Erzwungener Narzissmus

1 Sheila Heti, *Wie sollten wir sein? Ein Roman aus dem Leben* (Rowohlt, Reinbek 2015)
2 Tom Wolfe, »The ›Me‹ Decade and the Third Great Awakening, *New York*, 23. August 1976
3 Elizabeth Lunbeck, *The Americanization of Narcissism* (Cambridge, MA: Harvard University Press, 2014), S. 83
4 Sigmund Freud, »Zur Einführung des Narzissmus‹ (Studienausgabe, Bd. VIII, Frankfurt 1991)
5 Rieff, *The Triumph of Therapeutic*, S. 26
6 Steven Pressman, *Outrageous Betrayal: The Dark Journey of Werner Erhard form est to Exile* (New York: St Martin's Press, 1993), S. 14
7 ebd., S. 15
8 ebd., S. 16

9 ebd., S. 37
10 ebd., S. 38
11 ebd., S. 76
12 ebd., S. 70
13 ebd., S. 71
14 ebd., S. 73
15 Wolfe, »The ›Me‹ Decade«
16 Pressman, *Outrageous Betrayal*, S. 77
17 ebd., S. 64
18 ebd., S. 77
19 Peter Martin, »The New Narcissism«, *Harper's*, Oktober 1975, S. 46
20 Reich, *Rede an den kleinen Mann*, S. 22
21 Pressmann, *Outrageous Betrayal*, S. 70
22 ebd., S. 18
23 ebd., S. 73
24 ebd., S. 71
25 Nicole Aschoff, *The New Prophets of Capital* (London: Verso, 2015), S. 85
26 Napoleon Hill, *Denke nach und werde reich* (München 2018), S. 25
27 Christopher Lasch, *Das Zeitalter des Narzissmus* (München 1980), S. 65
28 Ivor Southwood, *Non Stop-Inertia* (Alresford, Hants.: Zero Books, 2011)
29 Lynne Friedli/ Robert Stearn, »Positive Affect As Coercive Strategiey«, *Critical Medical Humanities* 41 (1), 2015, S. 40ff.
30 Michel Foucault, *Der Wille zum Wissen: Sexualität und Wahrheit 1* (Frankurt 1983), S. 63
31 Emily Gould, »Exposed«, *New York Times Magazine*, 25. Mai 2008
32 Byung-Chul Han, *Transparenzgesellschaft* (Berlin 2015)
33 Gould, »Exposed«
34 Foucault, *Der Wille zum Wissen*, S. 65

Kapitel 3 Happiness Inc.

1 Charles Bukowski, *Faktotum.* Roman (München 1997), S. 11

2 Tony Hsieh, *Delivering Happiness: A Path to Profits, Passion and Purposes* (New York: Grand Central Publishing, 2010; nicht paginiertes eBook)

3 Peter Waldman, »Motivate or Alienate? Firms Hire Gurus to Change Their ›Cultures‹«, *Wall Street Journal*, 24. Juli 1987

4 Frank Rose, »A New Age for Business?«, *Fortune*, 8.10.1990

5 ebd.

6 ebd.

7 Gurnek Bains/ Kylie Bains, *Meaning Inc.*, (London: Profile Books, 2007), S. 129

8 Rose, »A New Age for Business?«

9 Suzanne Snider, »*est, Werner Erhard and the Corporatization of Self-Help*«, *The Believer*, Mai 2003

10 www.landmarkworldwide.com/the-landmark-Forum

11 Susannah Butter, »Spiritual Capitalism? Global Fitness Brand lululemon Comes to London«, *Evening Standard*, 2. April 2014

12 Gideon Kunda, *Engineering Culture: Control and Commitment in a High-Tech Corporation* (Philadelphia: Temple University Press, 1992), S. 11

13 Peter Fleming, *Authenticity and the Cultural Politics of Work: New Forms of Informal Control* (Oxford: Oxford University Press, 2009)

14 David Gelles, »At Zappos, Pushing Shoes and a Vision«, *New York Times*, 17. Juli 2015

15 Hsieh, *Delivering Happiness*

16 Brief vom 12. August 1986 (www.lettersofnote.com/2012/10/people-simply empty out)

17 Jay Stevens, *Storming Heaven: LSD and the American Dream* (New York: Grove Press 1998), S. 110

18 Oliver Harris, hrsg., *The Letters of William S. Burroughs, 1945-1959* (London: Penguin, 1993), S. 51

19 Raoul Vaneigem, *Handbuch des Lebenskunst für die jungen Generationen* (Düsseldorf 1974, Hamburg 2008)

20 Luc Boltanski/ Ève Chiapello, *Der neue Geist des Kapitalismus* (Konstanz 2003)

21 Joe Kelly, »Make Conflict Work for You«, *Harvard Business Review*, November/Dezember 1970, S. 103
22 Samuel Culbert/ James M. Elden, »An Anatomy of Activism for Executives«, *Harvard Business Review*, November/Dezember 1970, S. 132
23 Andrew Ross, *Nice Work If You Can Get It: Life and Labor in Precarious Times* (New York: New York University Press, 2010)
24 Guy Standing, *Prekariat: Die neue explosive Klasse* (München 2015), S. 1
25 ebd., S. 25
26 Jonathan Crary, *24/7: Schlaflos im Spätkapitalismus* (Berlin 2014)
27 Rob Lucas, »Dreaming in Code«, *New Left Review* 62 (2010), S. 125ff.
28 Byung-Chul Han, *Die Müdigkeitsgesellschaft* (Berlin 2010)
29 ebd., S. 31
30 Bertrand Russell, *Eroberung des Glücks* (Frankfurt 1977), S. 143
31 ebd.
32 Miya Tokumitsu, *Do What You Love: And Other Lies About Success and Happiness* (New York: Regan Arts, 2015), S. 6
33 Paul Myerscough, »Short Cuts«, *London Review of Books* 35 (1), 3. Januar 2013
34 Tokumitsu, *Do What You Love*, S. 148
35 Han, *The Burnout Society*
36 Juliet Schor, »Work Less, Live More«, *Yes*, 2. September 2011
37 Jodi Kantor/ David Streitfeld, »Inside Amazon: Wrestling Big Ideas in a Bruising Company«, *New York Times*, 15. August 2015
38 ebd.
39 ebd.
40 Franco »Bifo« Berardi, *Helden: Über Massenmord und Suizid* (Berlin 2016), S. 41
41 Kantor/ Streitfeld, »Inside Amazon«
42 Berardi, *Helden*, S. 204

Kapitel 4 Glück durch Drogen

1 YouTube, »Leonard Cohen Talks Happiness and LSD in 1966 Animated Interview«

2 Jeffrey J. Kripal, *Esalen: America and the Religion of No Religion* (Chicago: University of Chicago Press, 2007), S. 251

3 ebd.

4 ebd., S. 319

5 Walter Truett Anderson, *The Upstart Spring: Esalen and the Human Potential Movement: The First Twenty Years* (Lincoln, NE: iUniverse, 1983/ 2004), S. 72

6 Kripal, *Esalen*, S. 116

7 Aldous Huxley, *Die Pforten der Wahrnehmung* (München 1995)

8 Carl Elliott, *Better Than Well: American Medicine Meets the American Dreams* (New York: W.W. Norton, 3003), S. 45

9 Anderson, *Upstart Spring*, S. 57

10 Alan Watts, *Kosmologie der Freude* (Aarau 2000), S. 27f.

11 ebd., S. 51

12 ebd., S. 60

13 ebd., S. 16

14 ebd., S. 11

15 Timothy Leary, *The Politics of Psychopharmacology* (Berkeley: Roning Publishing Inc., 2002), S. 17

16 Anderson, *Upstart Spring*, S. 75

17 Adam Smith, *The Powers of Mind* (New York: Random House, 1975), S. 43

18 ebd., S. 45

19 Thomas Szasz, *Coercion as Cure: A Critical History of Psychiatry* (London: Routledge, 2009), S. 211 f.

20 Leary, *Politics of Psychopharmacology*, S.13

21 Thomas Szasz, *Pharmacracy: Medicine and Politics in America* (Westport, CT: Praeger Publishing, 2001), S. XXIII

22 Norman Dain, »Critics and Dissenters: Reflections on ›Anti-Psychiatry‹ in the United States«, *Journal of the History of the Behavioral Sciences* 25 (1), 1989, S. 3 ff.

23 Thomas Szasz, *Geisteskrankheit – ein moderner Mythos?*

Grundzüge einer Theorie des persönlichen Verhaltens (Freiburg 1972)

24 Szasz, *Pharmacracy*, S. 77

25 Joost A. M. Meerloo, *The Rape of the Mind: The Psychology of Thought Control, Menticide, and Brainwashing* (Eastford, CT: Martino Fine Books, 2015), S. 35

26, ebd., S. 353

27 ebd., S. 43

28 ebd., S.46

29 ebd., S. 43

30 Ken Kesey, *Einer flog über das Kuckucksnest* (Frankfurt 1972), S. 40

31 Peter Kramer, *Glück auf Rezept* (München 1995), S. 27

32 ebd.,

33 ebd., S. 30

34 ebd.

35 ebd., S. 40

36 ebd.

37 Elliott, *Better Than Well*, S. 39

38 ebd., S. 43 f.

39 David A. Karp, *Is It Me or My Meds? Living with Antidepressants* (Cambridge, MA: Harvard University Press, 2006), S. 113

40 Gary Greenberg, *The Book of Woe: The DSM and the Unmaking of Psychiatry* (London: Scribe, 2013), S. 15

41 Richard P. Bentall, »A Proposal to Classify Happiness as a Psychiatric Disorder«, *Journal of Medical Ethics* 18, 1991, S. 94

42 ebd., S. 97

43 Greenberg, *The Book of Woe*, S. 19

44 ebd., S. 35 f.

45 Carl Elliott, *White Coat, Black Hat: Adventures on the Dark Side of Medicine* (Boston: Beacon, 2010), S. 30

46 Ivan Illich, *Die Nemesis der Medizin* (Reinbek Bei Hamburg, 1977), S. 53

47 Elliott, *Better Than Well*, S. XV f.

48 Sebastian Serrano, »Taking the ›Smart Drug‹ Modafinil Made Me Love Work but Hate People«, *Vice*, 7. Oktober 2015

49 Lizette Borreli, »1 in 7 College Students Abuse ›Smart Drugs‹ to Improve Concentration«, *Medical Daily*, 14. November 2013
50 Andrew Leonard, »How LSD Microdosing Became the Hot New Business Trip«, *Rolling Stone*, 20. November 2015

Vergnügen für alle

1 »Happy Talk: Simon Critchley + Philip Seymour Hoffman«, Rubin Museum of Art, 17. Dezember 2012: rubinmuseum.org/media Center
2 Ray Sanchez, »Coroner: Philip Seymour Hoffman Died of Acute Mixed Drug Intoxication«, *CNN*, 28. Februar 2014
3 Epikur, *Briefe Sprüche Werkfragmente* (Stuttgart 1980), S. 47
4 ebd., S. 49
5 ebd., S. 51
6 ebd., S. 49
7 Michel Houellebecq, *Plattform* (Köln 2001), S. 243
8 Roger Burrows, »Virtual Culture, Urban Social Polarisation and Social Science Fiction«, in Brian D. Leader, hrsg., *The Governance of Cyberspace* (London: Routledge, 1997), S. 38ff.
9 Michel Houellebecq, *Ausweitung der Kampfzone* (Reinbek bei Hamburg 200), S. 108
10 Michel Houellebecq, *Elementarteilchen* (Köln 1999), S. 71
11 ebd.
12 ebd., S.15
13 ebd., S. 155
14 Sigmund Freud, *Das Unbehagen in der Kultur* (Wien 1930), S. 20
15, Houellebecq, *Elementarteilchen*, S. 121
16 ebd., S. 146
17 ebd., S. 111
18 ebd., S. 129
19 ebd., S. 67
20 Wesley Morris, »Weinstein, Hefner and the Poor Excuse That Explains a Lot«, *New York Times*, 27. Oktober 2017

21 Matt Schudel, »Hugh Hefner, Visionary Editor Who Founded Playboy Magazine, Dies at 91«, *Washington Post*, 27. September 2017

22 Ross Douthat, »Speaking Ill of Hugh Hefner«, *New York Times*, 30. September 2017

23 Frank Bruni, »La Dolce Donald Trump«, *New York Times*, 18. Juli 2015

24 Elizabeth Lunbeck, »The Allure of Trump's Narcissism«, *Los Angeles Review of Books*, 1. August 2017

25 Christopher Turner, *Adventures in the Orgasmatron: How the Sexual Revolution Came to America* (New York: Farrar, Strauss and Giroux, 2011), S. 83

26 ebd., S. 437

27 zitiert ebd.

Schluss: Glück nach Trump

1 Naomi Klein, *Gegen Trump: Wie es dazu kam und was wir jetzt tun müssen* (Frankfurt 2017); S. 71

2 Glenn Plaskin, »Playboy Interview: Donald Trump«, *Playboy*, März 1990

3 Amy Sherman, »Did Donald Trump Inherit $100 Million?«, *PolitFact*, 7. März 2016

4 James Truslow Adams, *The Epic of America* (New York: Little, Brown, and Co., 1931), S. 404

5 Norman Vincent Peale, *Die Kraft positiven Denkens* (München 1988), S. 69

6 ebd., S. 24

7 Carl Cederström, »No Deal, Noel Edmonds. Positive Thinking Can't Cure Cancer«, *Guardian*, 8. Juni 2016

8 Penelope Schofield, David Ball, Jennifer G. Smith, Ron Borland, Peter O'Brien, Sidney

Davis, Ian Olver, Gail Ryan und David Joseph M.D., »Optimism and Survival in Lung Carcinoma Patients«, *Cancer* 100(6), 2004, S. 1276 ff.

9 Klein, *Gegen Trump*, S. 71

10 Jenny Diski, *The Sixties* (London: Profile Books, 2010), S. 61

11 Laurie Penny, *Bitch Doktrin: Gender, Macht & Sehnsucht* (Hamburg 2017), S. 19
12 Judith Butler, *Gefährdetes Leben: politische Essays* (Frankfurt 2005), S. 23
13 Aldous Huxley, »Cynthia«, in *Limbo: Six Stories and a Play* (London: Chatto & Windus, 1950), S. 247
14 Lynne Segal, *Radical Happiness: Moments of Collective Joy* (London: Verso Books, 2017; Kindle edn), loc. 51
15 Penny, *Bitch Doktrin*, S. 11

Danksagung

Danken möchte ich meinem Verleger Pascal Porcheron für die geduldige Hilfe bei der Zusammenstellung dieses Buches. Dank auch an Peter Fleming, Mikael Holmqvist, Jenny Jägerfeld, Michael Marinetto, Darin M. McMahon, Roland Paulsen, André Spicer und einen anonymen Kritiker für die Lektüre des Manuskripts und wertvolle Kommentare. Dank auch an Justin Dyer für das exzellente Lektorat. Schließlich danke ich Sally, Esther und Ellen – für alles.

Franz Josef Wetz

Exzesse

Wer tanzt, tötet nicht
261 Seiten,
Klappenbroschur,
Euro 18.-

ISBN 978-3-86569-197-2

Nicht nur in kriegerischen Auseinandersetzungen begegnen sich Menschen mit exzessiver Gewalt, auch in befriedeten Gesellschaften kommt es immer wieder zu scheinbar grundlosen grausamen Verbrechen. Franz Josef Wetz sucht nach Ursachen solcher „Orgien der Gewalt" und versucht zu erklären, warum derartige Ausbrüche auch im Zeitalter der Zivilisation noch so häufig anzutreffen sind.

Doch müssen Exzesse zwangsläufig im Blutrausch kulminieren? Oder lässt sich die Freude am sinnlichen Rausch in ein Konzept von Mündigkeit integrieren? Auf seiner Suche nach Antworten unternimmt der Autor waghalsige Streifzüge durch die „Fröhliche Wildnis". Genauso bildreich wie prägnant spielt er die Chancen für intensive Erlebnisse durch, die Sport und Musik, Drogen und Sex, das nächtliche Partyleben und zügellose Orgien bieten. Am Ende steht fest, dass eine Gesellschaft der Reservate für lustvolle Exzesse bedarf.

Alibri Verlag,
Postfach 100 361, 63703 Aschaffenburg
Fon (06021) 581 734, www.alibri.de

Aus der Reihe Critica Diabolis

21. *Hannah Arendt,* Nach Auschwitz, 13,- Euro
45. *Bittermann (Hg.)*, Serbien muss sterbien, 14.- Euro
65. *Guy Debord,* Gesellschaft des Spektakels, 20.- Euro
68. *Wolfgang Pohrt*, Brothers in Crime, 16.- Euro
129. *Robert Kurz*, Das Weltkapital, 18.- Euro
162. *Lester Bangs*, Psychotische Reaktionen und heiße Luft, 19.80 Euro
166. *Timothy Brook*, Vermeers Hut, 18.- Euro
171. *Harry Rowohlt, Ralf Sotscheck*, In Schlucken-zwei-Spechte, 15.- Euro
176. *Heiko Werning*, Mein wunderbarer Wedding, 14.- Euro
210. *Berthold Seliger*, Das Geschäft mit der Musik, 18.- Euro
214. *Heiko Werning*, Im wilden Wedding, 14.- Euro
216. *Ingo Müller*, Furchtbare Juristen, 22.- Euro
223. *Mark Fisher*, Gespenster meines Lebens, 20.- Euro
225. *Eike Geisel*, Die Wiedergutwerdung der Deutschen, 24.- Euro
228. *Richard Hell*, Blank Generation, Autobiographie, 20.- Euro
231. *Funny van Dannen*, An der Grenze zur Realität, 16.- Euro
232. *Carl Cederström & André Spicer*, Das Wellness-Syndrom, 16.- Euro
233. *Jon Savage*, England's Dreaming, Punk und Sex Pistols, 19.80 Euro
235. *Wiglaf Droste & Nikolaus Heidelbach*, Nomade im Speck, 18.- Euro
236. *Nick Srnicek & Alex Williams*, Die Zukunft erfinden, 24.- Euro
239. *Fritz Eckenga*, Draußen rauchen ist Mord ..., 14.- Euro
242. *Heiko Werning*, Vom Wedding verweht, Menschliches... 14.- Euro
243. *Hans Zippert*, Fernsehen ist wie Radio, nur ohne Würfel, 14.- Euro
244. *Bill Cardoso*, Das Massaker im Goldenen Drachen, 20.- Euro
245. *Ralf Höller*, Das Wintermärchen. Münchner Räterepublik, 20.- Euro
246. *Mark Fisher*, Das Seltsame und das Gespenstische, 18.- Euro
247. *Klaus Bittermann*, Der kleine Fup, 14.- Euro
248. *Wiglaf Droste*, Kalte Duschen, warmer Regen. Neue Glossen, 16.- Euro
249. *Walther Rode*, Deutschland ist Caliban, Pamphlet gegen Hitler, 16.- Euro
250. *Cederström & Spicer*, Auf der Suche nach dem perfekten Ich, 22.- Euro
251. *Georg Seeßlen*, Is This the End? Pop-Kritik 16.- Euro
251. *Robert Desnos*, Die Freiheit oder die Liebe, Roman, 18.- Euro
253. *Wolfgang Pohrt*, Werke Bd. 10, Kapitalismus Forever & Texte, 22.- Euro
254. *Wolfgang Pohrt*, Werke Bd. 3, Honoré de Balzac, 18.- Euro
255. *Robert Barry*, Die Musik der Zukunft, 20.- Euro
256. *Jan-Christoph Hauschild*, Das Phantom, B. Traven, 24.- Euro
257. *Joe Bauer*, Im Staub von Stuttgart, Ein Spaziergänger erzählt, 16.- Euro
258. *Simon Bowowiak*, Frau Rettich, die Czerni und ich, 16.- Euro
259. *Funny van Dannen*, Die weitreichenden Folgen des Fleischkonsums, 16.-
260. *Wolfgang Pohrt*, Werke Bd. 5.1, Zeitgeist & Texte 85-86, ca. 26.- Euro
261. *Wolfgang Pohrt*, Werke Bd. 5.2, Hauch von Nerz & Texte 87-89, 26.-
262. *Wolfgang Pohrt*, Werke Bd. 4, Kreisverkehr & Texte 82-84, 30.- Euro
263. *Carl Cederström*, Die Phantasie vom Glück, 18.- Euro
264. *Claudius Seidl*, Die Kunst und das Nichts, Feuilleton, 18.- Euro
265. *Berthold Seliger*, Vom Imperiengeschäft, Musikindustrie, ca. 20.- Euro
266. *Léon Poliakov*, St. Petersburg – Berlin – Paris, Memoiren, ca. 24.- Euro
267. *Wolfgang Pohrt*, Werke Bd. 2, Ausverkauf & Endstation u.a. Texte, 30.-